101 TRUCOS Y CONSEJOS PARA MACOS

AHORRA TIEMPO Y TRABAJA MÁS RÁPIDO CON TU EQUIPO

JAVIER CRISTÓBAL

ÍNDICE

✔ TRUCOS CON VISTA RÁPIDA

✔ TRUCOS EN EL FINDER

✔ TRUCOS DEL DOCK

✔ TRUCOS DE ACCESIBILIDAD

✔ TRUCOS EN SAFARI

✔ TRUCOS DEL TRACKPAD

✔ TEXTO

✔ CAPTURAS DE PANTALLA

✔ TRUCOS CON LAS VENTANAS

✔ TRUCOS GENERALES

✔ TRUCOS CON IOS

ATAJOS USADOS EN ESTE LIBRO

INTRODUCCIÓN

Este libro es un recopilatorio de **101 trucos para macOS** que utilizo en mi día a día para ser más productivo y trabajar más rápido con mi equipo.

Todos ellos son aplicables de manera gratuita, ya que no están relacionados con ninguna aplicación de terceros, sino que son cosas que están incluidas en el sistema operativo que ya tienes.

Tanto si acabas de aterrizar en el mundo Mac, como si ya llevas un tiempo por aquí, estoy seguro que entre los 101 aprenderás más de un puñado de trucos nuevos.

¡Puedes contarme en http://twitter.com/crjstobal tus favoritos!

Si eres un recién llegado a la plataforma de escritorio de Apple, te recomiendo que le eches un vistazo a la **Guía de iniciación a macOS** que también he publicado, ya que te permitirá aprender algunos conceptos que quizá en este libro te resulten extraños.

Si buscas un lugar donde aprender de verdad **soluciones más profesionales para exprimir al máximo tu Mac**, échale un vistazo a la membresía formativa de Limni.net.

Con la compra de este libro has desbloqueado **un mes gratuito en la misma,** lo encontrarás hacia la mitad del temario, ¡ve allí para canjearlo!

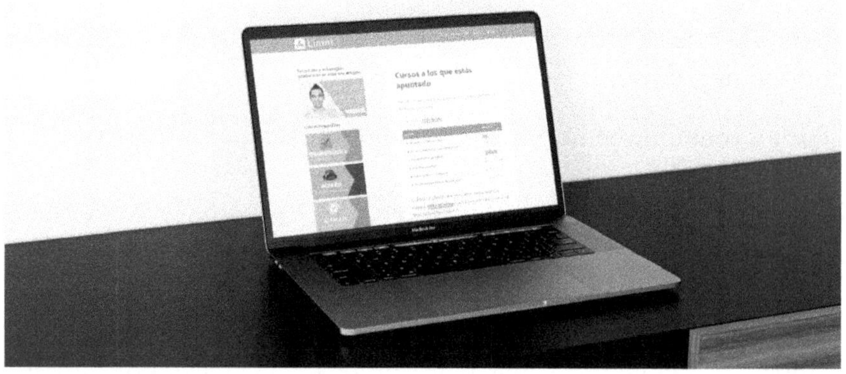

¡Un saludo y gracias por leer!

Javier Cristóbal.

ACERCA DEL AUTOR

¡Hola y Bienvenido!

Soy Javier Cristobal, un Ingeniero Aeronáutico reconvertido en formador y escritor independiente, nacido en España en 1989.

Me gusta escribir libros técnicos sobre aplicaciones, estrategias para emprendedores, y trucos y consejos para personas que buscan ser más productivas en su día a día.

Soy el fundador de la página de referencia en español markdown.es.

Actualmente enseño **productividad en entornos Apple en limni.net**, y las habilidades que necesitas para trabajar desde cualquier parte en enfoquenomada.com.

Espero que esta lectura te resulte útil e interesante.

¡No olvides dejarme una valoración y un comentario con tu opinión!

¡Un abrazo!

Javi

facebook.com/limninet

twitter.com/crjstobal

instagram.com/crjstobal

amazon.com/author/javiercristobal

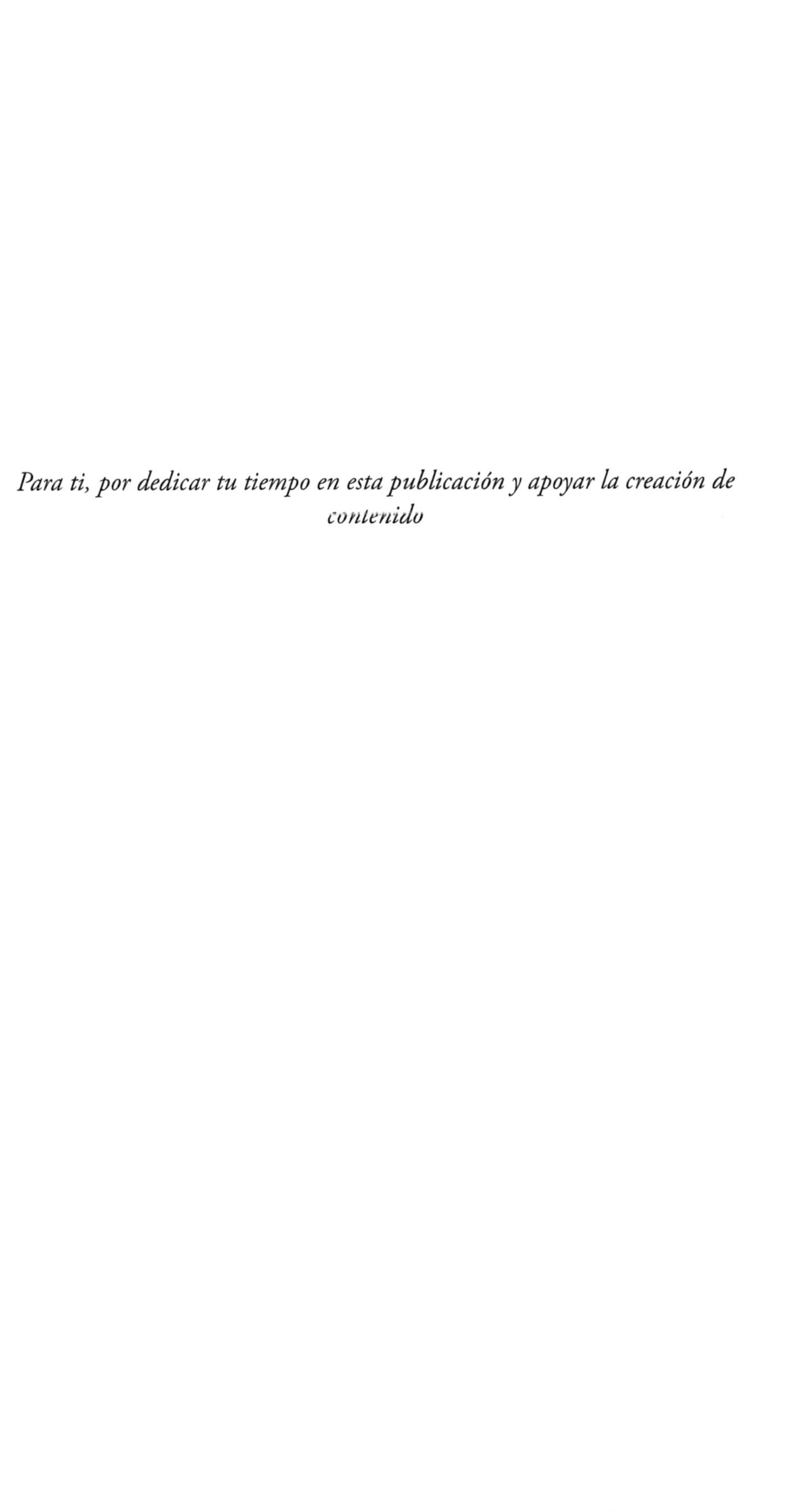

Para ti, por dedicar tu tiempo en esta publicación y apoyar la creación de contenido

✔ TRUCOS CON VISTA RÁPIDA

La vista rápida es una de mis utilidades favoritas en macOS, en esta sección aprenderás a sacarle más partido.

1

VISTA RÁPIDA A PANTALLA COMPLETA

Para ver archivos rápidamente sin abrir aplicaciones, solo tendrás que **pulsar la barra espaciadora después de seleccionar el item** que quieras ver (una foto, una imagen, un video…)

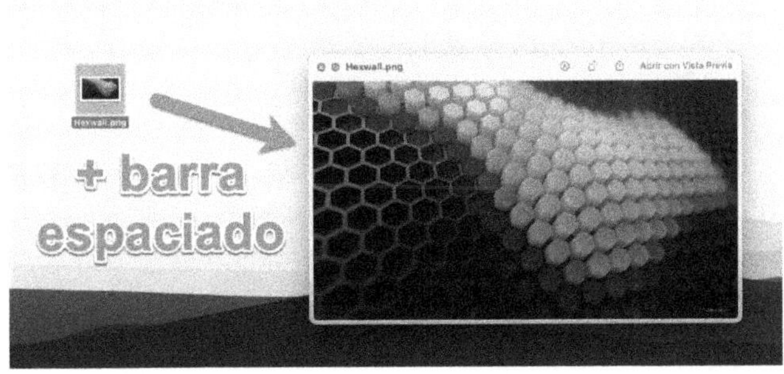

Lo que mucha gente pasa por alto, es que puedes abrir una vista rápida a pantalla completa utilizando el pequeño botón que se encuentra a la derecha de la clásica X de cerrar.

El truco aquí consiste en que puedes poner esta **pantalla completa** directamente simplemente pulsando el atajo **⌥⌘Y**, y lo mejor de todo es que no necesitas abrir previamente Vista Rápida para ello, **con seleccionar un archivo en el Finder y ejecutar esta combinación** (**⌥⌘Y**) en lugar de "Espacio", la Vista Rápida se abrirá a pantalla completa.

Esta pantalla completa solo te deja ver la imagen seleccionada.

Pero puedes seleccionar previamente todas las imágenes que quieras ver a pantalla completa, y ejecutar **⌥⌘Y** para poder moverte entre ellas con las flechas de dirección ←→.

2

VISTA RÁPIDA EN PILAS

Si usas las Pilas en tu Dock (Carpetas que arrastras allí para acceder rápidamente a sus archivos de su interior), debes saber que desde allí también funciona la Vista Rápida.

Solo tienes que **posicionar el puntero del ratón sobre el elemento, y pulsar la barra espaciadora**.

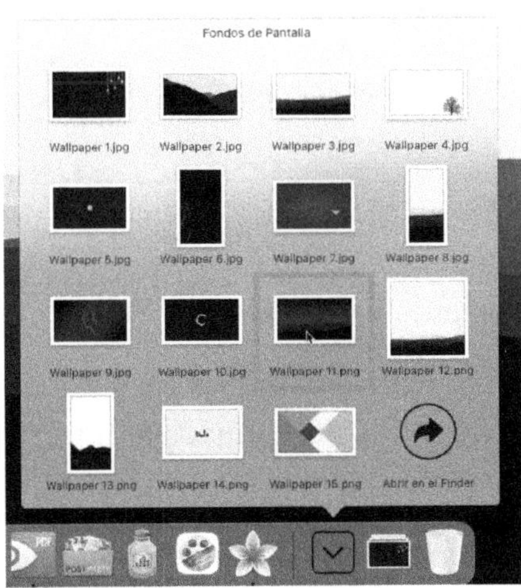

No hay que hacer click, ya que eso abriría el archivo.

3

VISTA RÁPIDA A APLICACIÓN POR DEFECTO

Una vez tengas desplegada la vista rápida, podrías pulsar sobre el botón de "Abrir con" para abrir con la aplicación por defecto para ese archivo.

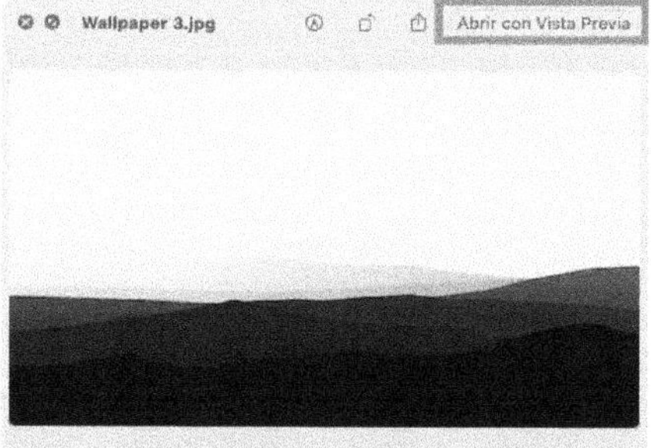

Pero es mucho más rápido utilizar el atajo **⌘O**.

De hecho, ⌘O es el atajo que utilizo en todo el sistema para abrir cualquier tipo de archivo, ya que en macOS, Intro↩ sirve para renombrar archivos y carpetas.

4

FIRMAR EN VISTA RÁPIDA

Cuando lanzas la Vista Rápida de elementos, normalmente lo harás porque vas con prisa.

Estas prisas hacen que mucha gente haya pasado por alto la **herramienta de edición de Vista Rápida.**

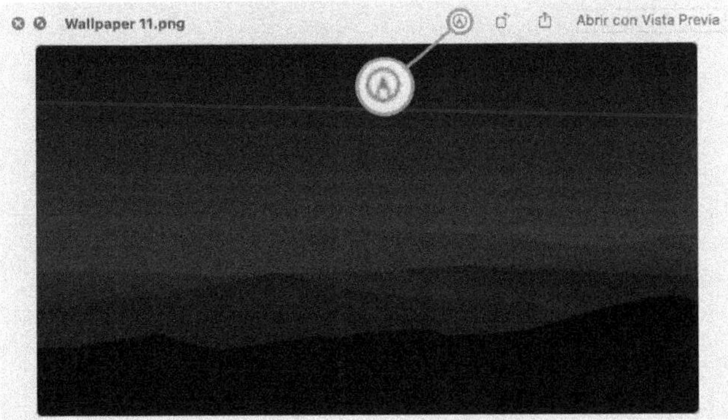

Esta pequeña utilidad oculta, te permitirá realizar anotaciones, recortar rápidamente la imagen **e incluso firmarla**, lo que te vendrá muy bien si utilizas vistas previas en archivos PDFs.

Incluso tiene una opción para añadir un efecto lupa muy curioso:

5

FORMAS PERFECTAS

El modo anotación que se puede utilizar para firmar imágenes y PDFs, también te permite añadir dibujos a mano alzada usando los siguientes botones:

Como son prácticamente idénticos, mucha gente usa el segundo, sin llegar a darse cuenta que **el primero convierte automáticamente tus dibujos a mano alzada en formas perfectas.**

Así que, realizar anotaciones rápidas no es sinónimo de que realices anotaciones cutres.

En la **[Membresía de Limni](https://limni.net/membresia)**, encontrarás una clase para sacarle el máximo partido a esta herramienta de edición.

6

PLUGINS PARA VISTA RÁPIDA

Aunque Vista Rápida previa es bastante funcional, tiene sus limitaciones.

Por suerte, hay desarrolladores que han creado plugins para esta utilidad, para así mejorar sus capacidades técnicas.

Por ejemplo, aunque Vista Previa puede mostrar un montón de archivos, hay algunos que no soporta, como **archivos MKV o webM**.

Un plugin puede solucionar esto, al menos en parte.

QLVideo (https://github.com/Marginal/QLVideo/releases/), al menos permite **generar una miniatura del video en cuestión**, para que puedas ver mejor qué es lo que tienes delante.

Además, añade **información extra** como la **resolución**, o la duración.

Otros Plugins como el de inkMark (http://inkmarkapp.com/markdown-quick-look-plugin-mac-os-x/) mejoran tu experiencia con Vista Previa, y te permiten ver por ejemplo archivos Markdown ya procesados.

Échale un vistazo a https://github.com/sindresorhus/quick-look-plugins y https://www.quicklookplugins.com para encontrar alguno que puede que no supieses que necesitases.

✔ TRUCOS EN EL FINDER

Una de las cosas que más harás con tu equipo será gestionar archivos, y esto lo harás principalmente desde el Finder, aunque en el futuro verás que existen otras opciones mucho más profesionales, como DEVONthink.

1

CAMBIA DÓNDE SE ABREN POR DEFECTO LAS NUEVAS VENTANAS

Si desde la barra de menú vas a “Finder > Preferencias”

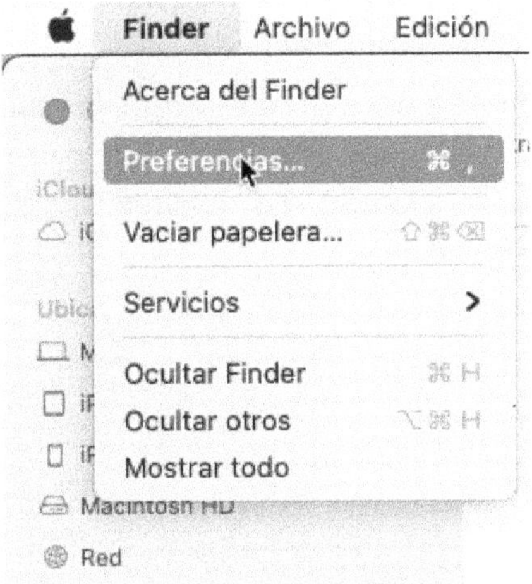

Encontrarás dentro de la sección General, una opción para cambiar dónde se abren las nuevas ventanas del Finder.

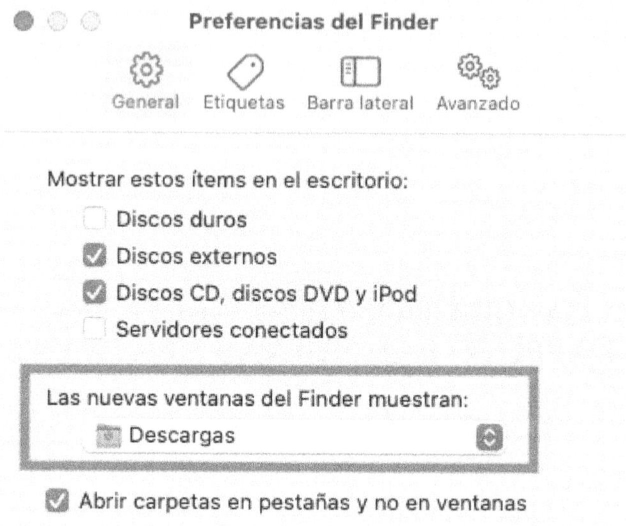

En mi caso esto es la carpeta de **Descargas**, ya que es la que más varía con el tiempo (donde más archivos nuevos entran), así que normalmente es donde necesito acudir a menudo para mi trabajo.

Pro: en el curso de Alfred del Studio (https://limni.net/cursos/alfred/) encontrarás un workflow que con una simple palabra, podrás abrir el último archivo que ha aparecido en tu carpeta de descargas, lo cual es tremendamente práctico.

2

CAMBIA DE VISTA RÁPIDAMENTE, O FÍJALA

El Finder admite diferentes tipos de vistas para tus archivos, es interesante que te aprendas los atajos rápidos para activar las mismas, ya que en función de los archivos de cada carpeta, seguramente quieras verlos de una u otra forma.

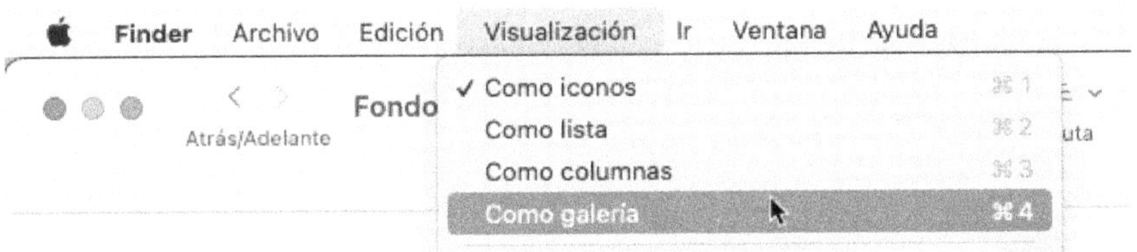

Truco: si no recuerdas estos atajos, simplemente mira la barra de herramientas, cada dibujo se corresponde de izquierda a derecha con un número:

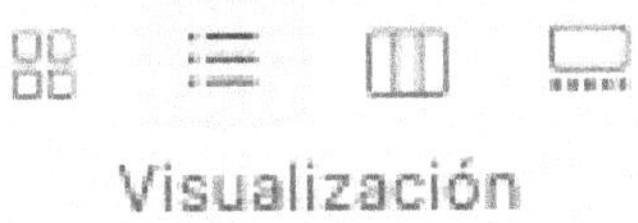

Como ves, la vista de Iconos sería el 1, la lista el 2, las columnas el 3, y la galería el 4.

Si hay carpetas a las que acudes constantemente, que siempre te gusta ver con la misma vista, es recomendable abrirlas, **poner la vista que quieras, ejecutar ⌘J**, y decirle al Finder que **siempre abra dicha carpeta con esta vista.**

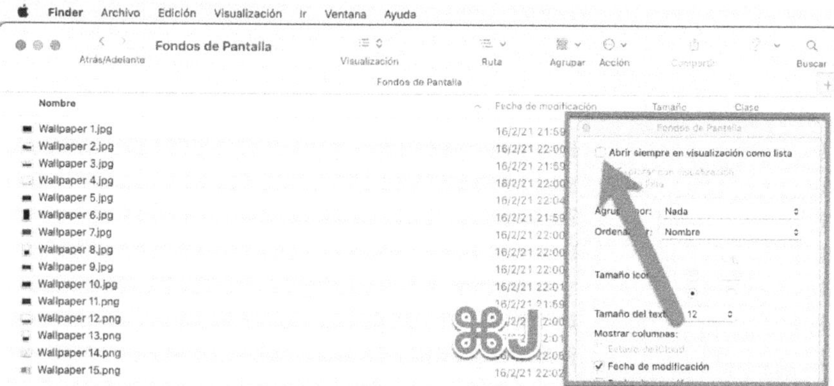

Como extra, si activas la casilla inferior **"Explorar con", esta vista se mantendrá en las subcarpetas**, de otra forma se utilizará la vista que hayas definido por omisión.

3

ORGANIZA LAS CARPETAS EN LA ZONA SUPERIOR

Si ordenas los elementos de tus carpetas por orden alfabético (un clásico), probablemente te hayas encontrado con el problema de que **las carpetas también siguen dicho orden**, con lo cual, se mezclan con los propios archivos, y resulta un poco molesto:

Esto lo puedes ver en la siguiente imagen, la carpeta "Fondos de pantalla" y "z" siguen el orden marcado.

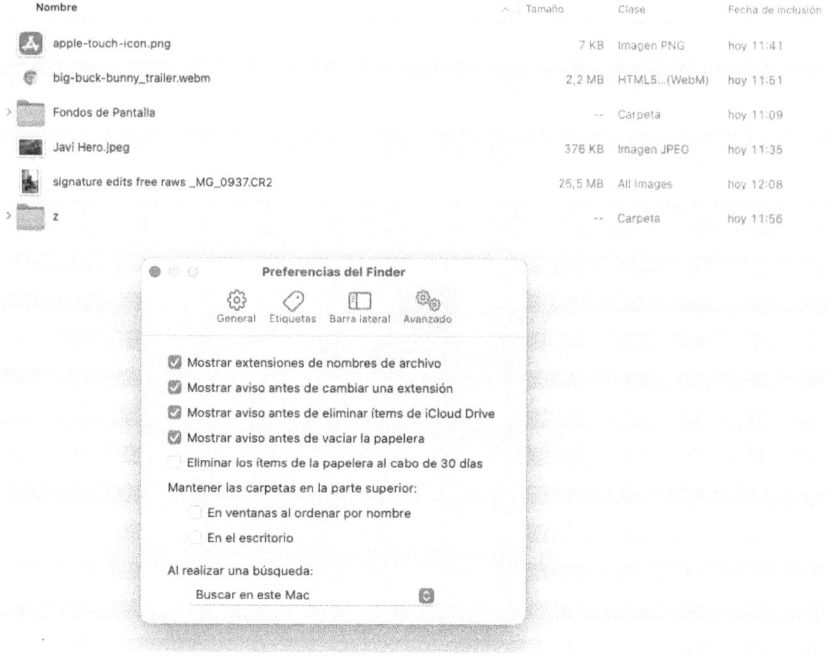

Para solucionar esto, desde las preferencias del Finder, puedes marcar la casilla "Mantener las carpetas en la parte superior en ventanas ordenadas por nombre" (también puedes aplicar esto al escritorio, que se toma como una carpeta especial.

Al hacer esto, verás que ahora la carpeta se ordena alfabéticamente, pero diferencia entre un orden alfabético de carpetas, y un orden alfabético para el resto de archivos, lo cual es mucho más cómodo.

Descargas
Nombre
Tamaño
Clase
Fecha de inclusión
Fondos de Pantalla
Carpeta
hoy 11:09
z
Carpeta
hoy 11:56
apple-touch-icon.png
7 KB
Imagen PNG
hoy 11:41
big-buck-bunny_trailer.webm
2,2 MB
HTML5...(WebM)
hoy 11:51
Javi Hero.jpeg
376 KB
Imagen JPEG
hoy 11:35
signature edits free raws _MG_0937.CR2
25,5 MB
All images
hoy 12:08
Preferencias del Finder
General
Etiquetas
Barra lateral
Avanzado
Mostrar extensiones de nombres de archivo
Mostrar aviso antes de cambiar una extensión
Mostrar aviso antes de eliminar ítems de iCloud Drive
Mostrar aviso antes de vaciar la papelera
Eliminar los ítems de la papelera al cabo de 30 días
Mantener las carpetas en la parte superior:
En ventanas al ordenar por nombre
En el escritorio
Al realizar una búsqueda:
Buscar en este Mac

4

VISTA DE LISTA AMPLIADA

Si te has fijado en las fotos anteriores, te habrás dado cuenta que la vista tipo lista de mi Finder es un poco más grande de lo normal.

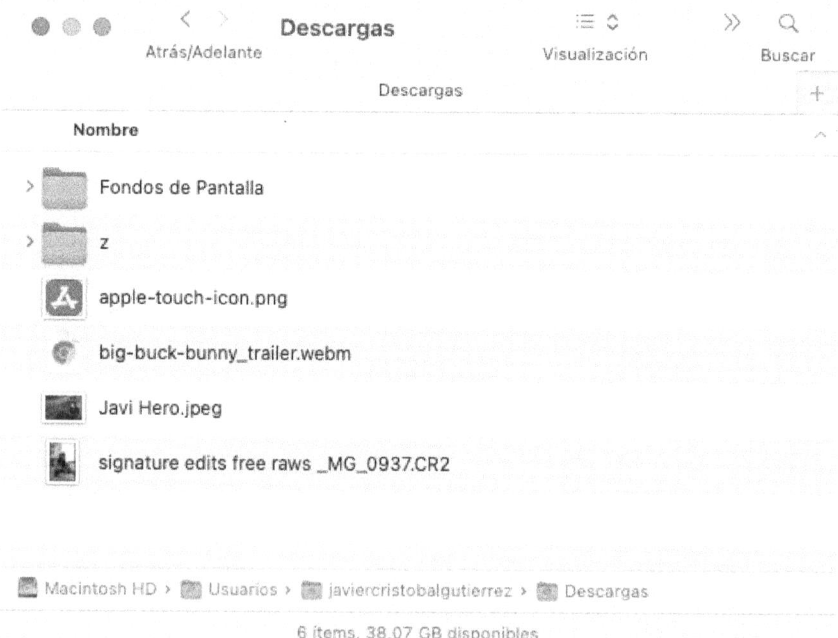

Puedes replicar fácilmente esto simplemente ejecutando el atajo ⌘+ (y ⌘- para reducir)

Este truco también funciona por ejemplo para la vista tipo iconos, aunque en ese caso también puedes ejecutar de nuevo ⌘J para ir a las opciones de previsualización, y cambiar desde allí mismo no solo el tamaño de los iconos, sino también el espaciado entre los mismos.

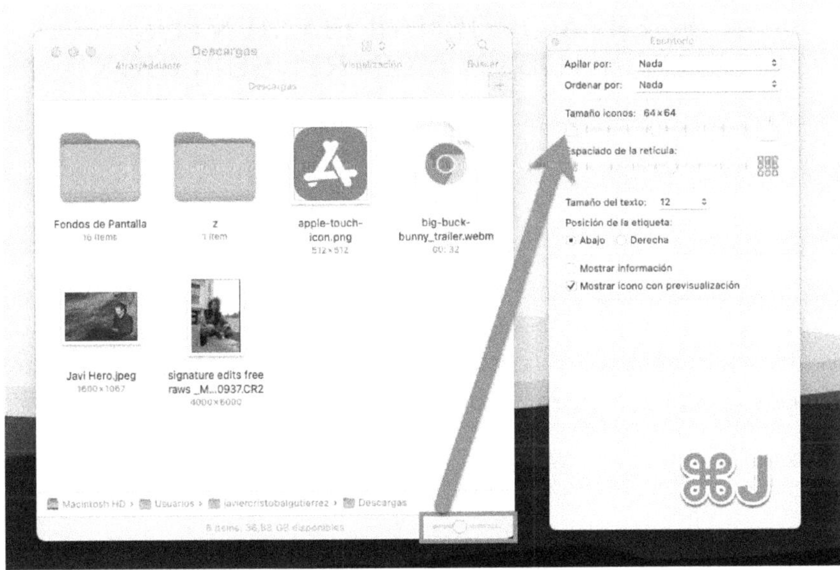

Si solo quieres cambiar el tamaño de los iconos, puedes hacer esto fácilmente con el selector de la zona inferior en la ventana del Finder.

5

FUERZA ORDENAR ELEMENTOS CONCRETOS EN LA PARTE SUPERIOR

Si cuando estás organizando tu Finder por orden alfabético, te gustaría ver ciertos elementos en la zona superior, existe un antiguo truco para hacerlo, que personalmente llevo utilizando durante años.

Se trata de renombrar los elementos añadiendo uno de los símbolos del teclado numérico: !%&#… delante del nombre.

Puedes usar cualquier de ellos, o incluso mezclarlos (cada uno tiene una "prioridad" en el orden)

Sin embargo, yo te recomiendo usar siempre el mismo, en mi caso me he acostumbrado a usar la almohadilla #.

Es una costumbre adquirida de usar [Markdown](http://markdown.es), ya que la almohadilla se utiliza para generar encabezados.

Nombre	Fecha de modificación	Tamaño	Clase
# Wallpaper 8.jpg	16/2/21 22:00	23 KB	Imagen JPEG
## Wallpaper 12.png	16/2/21 22:00	114 KB	Imagen PNG
Wallpaper 1.jpg	16/2/21 21:59	30 KB	Imagen JPEG
Wallpaper 2.jpg	16/2/21 22:00	37 KB	Imagen JPEG
Wallpaper 3.jpg	16/2/21 21:59	124 KB	Imagen JPEG
Wallpaper 4.jpg	16/2/21 22:00	151 KB	Imagen JPEG

Si quieres forzar el orden de varios elementos, y añadir un "sub-orden", dentro del mismo, simplemente añade más símbolos, tal y como ves en la imagen.

Yo sé que # colocará los elementos en primera posición, ## aparecerán después de todos los elementos que hayan utilizado #, y así sucesivamente.

Este truco funciona en cualquier aplicación, ¡no solo en el Finder!

Utilízalo en cualquier lugar donde ordenes elementos por nombre, como por ejemplo, la lista de Notas.

6

PREVISUALIZACIÓN EN EL FINDER

Ya has visto que el Finder te permite saltar entre varias vistas (⌘1, ⌘2, ⌘3...) e incluso hacer algunas de ellas más grandes (⌘+) y más pequeñas (⌘-)

Pero mucha gente pasa por alto que Finder ofrece un cuarto elemento visual que es muy útil para ver información extra del elemento en cuestión, o una miniatura a mayor tamaño.

Se trata del Previsualizador, el cual puedes activar con ⇧⌘P, o desde el menú **"Visualización > Mostrar Previsualización"**.

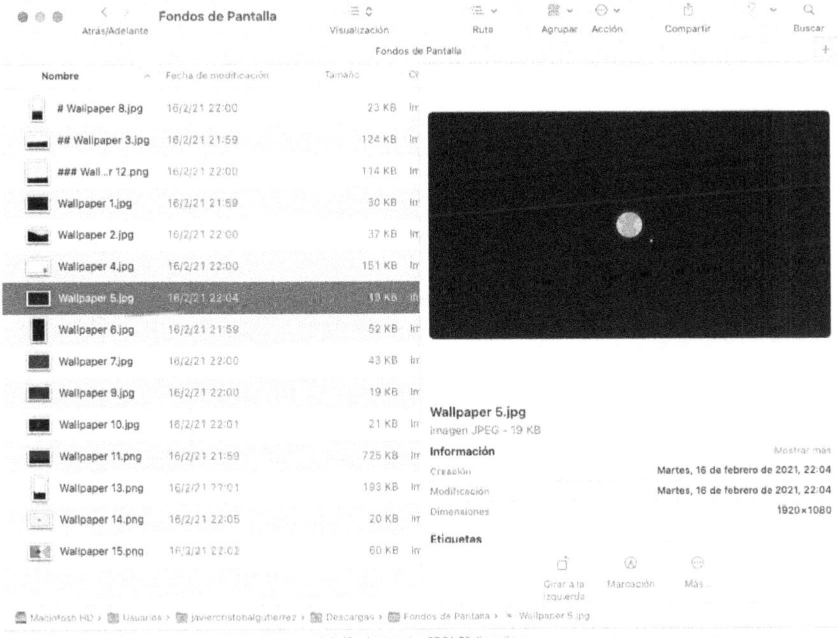

Como ves, es muy útil, ya que te permite ver un montón de elementos en pantalla gracias a la vista tipo lista, mientras que te permite acceder a una "miniatura" de gran tamaño.

7

MUESTRA LA RUTA

Otro elemento que es recomendable mostrar en el Finder es la **Ruta**:

Esto te permitirá ubicar rápidamente dónde te encuentras.

Por ejemplo, yo tengo "duplicadas" muchas de mis estructuras a modo de copia de seguridad en discos duros externos, y gracias a este truco, puedo ver rápidamente si estoy en la carpeta “Fondos de pantalla” de mi Mac, o “Fondos de pantalla” de mi disco duro.

Además puedes hacer **doble click sobre cada “miga de pan”** para ir a carpetas superiores.

Podrás activar esta barra de ruta mediante el atajo **⌥⌘P,** o yendo al menú **Visualización > Mostrar barra de ruta.**

8

CONOCE EL ESTADO DE TUS ELEMENTOS

Otro truco para el Finder, muy similar al anterior, consiste en activar la **barra de estado**.

Esto lo conseguirás de nuevo en el menú Visualización > Mostrar barra de estado (o simplemente pulsa ⌘Ç)

Yo la uso mucho, sobre todo para comprobar que he seleccionado todos los elementos de una carpeta.

9

ACCIONES RÁPIDAS EN FINDER

En un truco anterior viste que podías utilizar la Vista Rápida para por ejemplo, editar una imagen.

También puedes hacer esto desde el propio Finder sin necesidad de lanzar previamente Vista Previa, y así ahorrar clicks y tiempo.

Para acceder a estas opciones solamente tienes que tener activado el Previsualizador que acabas de ver hace un par de páginas (⇧⌘P) ¡nada más!

Haciendo esto, puedes seleccionar uno o varios archivos, y al final de este previsualizador, **encontrarás acciones rápidas para cada tipo de archivo**.

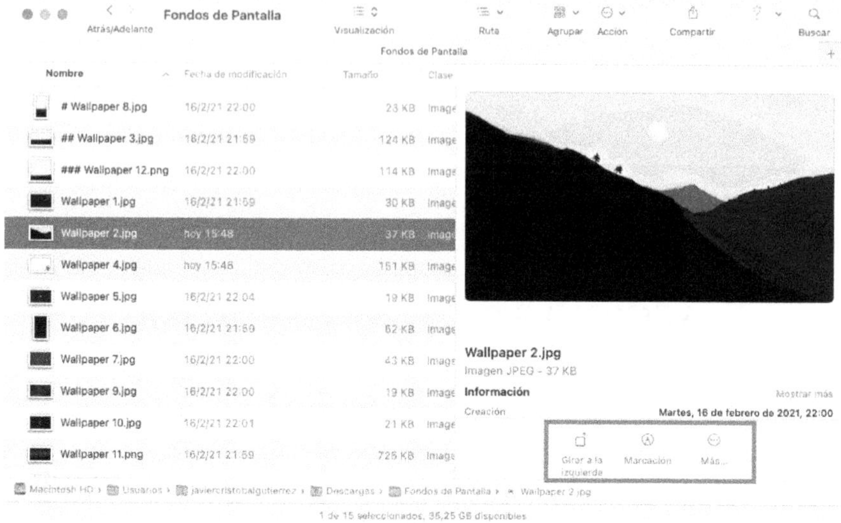

Si no te gusta el panel de Previsualizador, también puedes hacer **click derecho** sobre el elemento o elementos, y seleccionar la opción **"Acciones Rápidas"**.

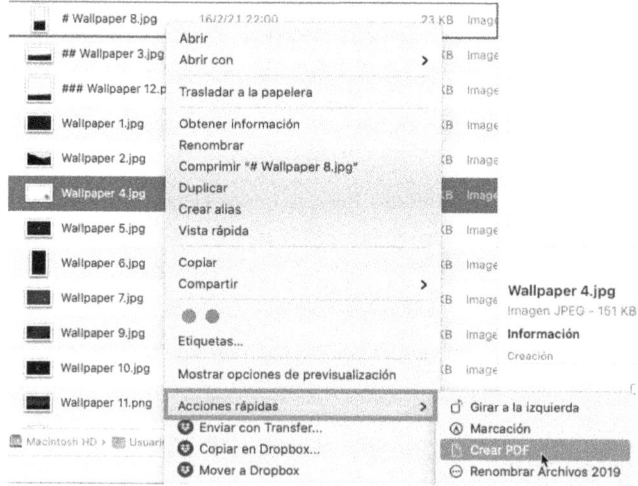

Esta es la forma más rápida de por ejemplo, **girar** varias imágenes que tienen una orientación errónea.

También podrás anotarlas con el icono del lápiz (como viste en Vista Rápida), o **convertir una imagen (o varias) a PDF fácilmente**.

Además aquí también puedes crear tus propias acciones, yo por ejemplo tengo una para **dividir un PDF automáticamente por hojas, convertir a JPEG/PNG...**

Es una de las cosas que he compartido en la [membresía de Limni] (https://limni.net/membresia/)

10

ATAJOS PARA IR A LOCALIZACIONES ESPECÍFICAS

Aunque en el Finder puedes añadir accesos directos en la barra lateral (y en la superior, como verás en un próximo truco), a veces lo más cómodo es moverte utilizando atajos de teclado, ya que siempre están disponibles, y no tendrás que buscar un icono visualmente.

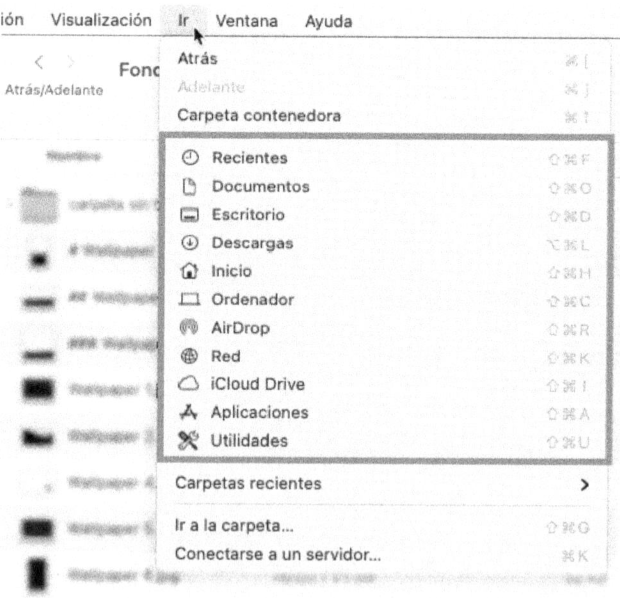

Si tienes curiosidad, o te sirve para aprenderte mejor los atajos, este es el sentido de las letras, al menos el que yo le he encontrado:

- **⇧ ⌘F** • Abre la carpeta de Recientes (recent **F**iles)
- **⇧ ⌘O** • Abre la carpeta de Documentos (d**O**cuments)
- **⇧ ⌘D** • Abre la carpeta del Escritorio (**D**esktop)
- **⇧ ⌘L** • Abre la carpeta de Descargas (down**L**oads)
- **⇧ ⌘H** • Abre la carpeta de tu nombre de usuario/inicio (**H**ome)
- **⇧ ⌘C** • Abre la carpeta del Ordenador (**C**omputer)
- **⇧ ⌘R** • Abre la carpeta de AirDrop (ai**R**drop)
- **⇧ ⌘K** • Abre la carpeta de Red (networ**K**)
- **⇧ ⌘I** • Abre la carpeta de iCloud Drive (**i**cloud)
- **⇧ ⌘A** • Abre la carpeta de Aplicaciones (**A**pplications)
- **⇧ ⌘U** • Abre la carpeta de Utilidades (**U**tilities)

No tienes por qué aprendértelos todos, especialmente porque no a todos ellos irás a menudo (ejemplo, la carpeta de Red), pero si vas a algún sitio concreto a menudo, intenta recordar su atajo.

11

ENTRAR Y SALIR RÁPIDO DE CARPETAS

Similar al truco anterior, en macOS puedes usar los atajos ⌘↑ para ir a la carpeta padre de la que te encuentras, y ⌘↓ para bajar un nivel (abrir la carpeta)

Si utilizas ⌘↓ no sobre una carpeta, sino sobre un archivo, este se abrirá en la aplicación predefinida.

Esta es una forma muy rápida de navegar por los archivos de tu equipo con el teclado.

12

AÑADIR CARPETAS, APLICACIONES Y ARCHIVOS A LA BARRA DE HERRAMIENTAS

En Finder, (y en muchas otras aplicaciones de Mac), puedes hacer un click derecho sobre la barra de herramientas para editar los elementos que hay en ella)

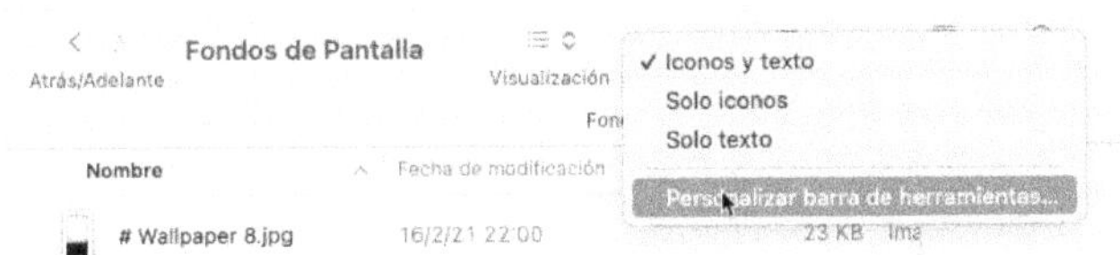

Desde la ventana que aparecerá podrás añadir algunas acciones concretas, aunque no demasiadas.

Pero si sales de dicho menú, y **mantienes pulsada la tecla ⌘ al arrastrar por ejemplo una aplicación**, verás que podrás incluirla en esta barra de herramientas.

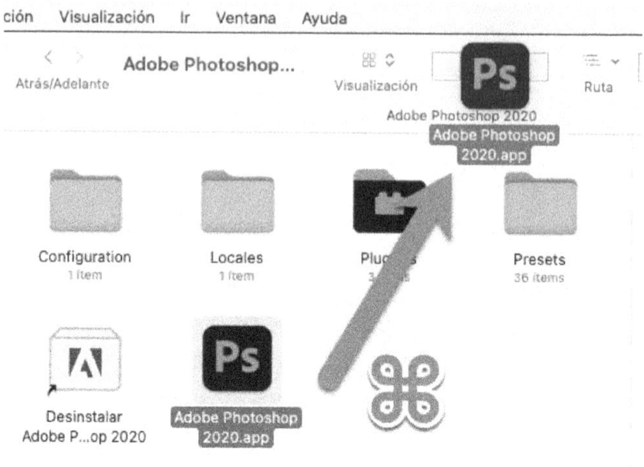

Puedes hacer lo mismo con **carpetas** (aunque esto es algo que puedes añadir en la barra lateral), y lo más interesante, **archivos** que quieras tener siempre presentes.

13

LANZA ARCHIVOS A LAS APLICACIONES

En macOS, puedes arrastrar y soltar elementos sobre aplicaciones para abrirlos con ellas.

Por ejemplo, si visualizas imágenes con Vista Previa, pero las editas con Photoshop, no hace falta que abras dicha aplicación, o que hagas click derecho sobre el archivo para elegirla.

Bastará con arrastrar la imagen en cuestión al icono del Dock, o al icono que acabas de añadir e la barra de herramientas en el truco anterior.

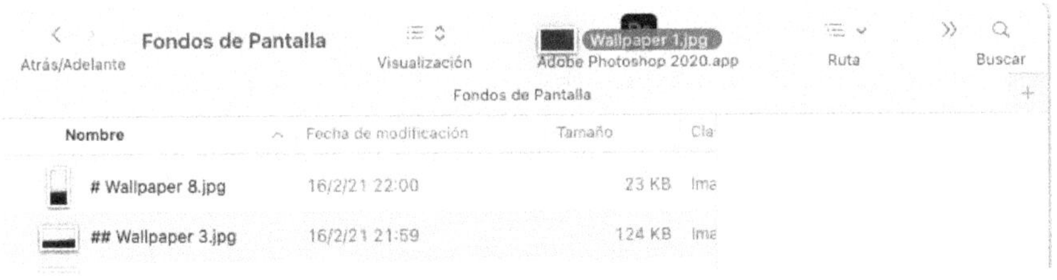

Esto abrirá "Wallpaper 1" en Photoshop

Si no utilizas [DropZone](https://limni.net/dropzone/), esto último servirá a modo de pequeña alternativa.

14

DUPLICAR ARCHIVOS RÁPIDAMENTE

Si quieres hacer una copia de un archivo (o carpeta), puedes hacerlo fácilmente simplemente arrastrándolo a su localización final (puede ser la misma carpeta) manteniendo pulsada la tecla ⌥.

Si lo que arrastras es una carpeta, también se duplicarán los archivos de su interior.

Este es un truco que utilizo también en la popular aplicación **Notion**.

Allí, arrastrar manteniendo pulsada la tecla ⌥ también duplica el bloque que estés arrastrando.

También funciona en más aplicaciones, como **hojas en Ulysses, texto seleccionado, tareas en OmniFocus...**

Siempre que quieras duplicar algún elemento rápidamente, prueba a arrastrarlo manteniendo pulsada la tecla ⌥, puede que así consigues hacerlo más rápido que mediante el clásico click derecho, copiar, pegar.

15

CREAR Y ENCONTRAR ALIAS RÁPIDAMENTE

Si en lugar de duplicar un archivo, lo que quieres es crear un Alias (un acceso directo), entonces simplemente arrastra manteniendo pulsada también la tecla comando.

Es decir, **arrastra pulsando ⌥⌘** en lugar de solo ⌥.

Extra: si estás ante un Alias y te gustaría saber dónde se encuentra su localización original, selecciónalo y ejecuta el atajo ⌘R.

16

CREAR PLANTILLAS DE ARCHIVOS

Ya has visto que puedes duplicar un archivo fácilmente arrastrando con la tecla ⌥ pulsada.

Esto es muy útil para momentos puntuales, es decir, cuando tienes que duplicar un archivo de manera esporádica.

Pero si por ejemplo quieres trabajar mediante plantillas, es decir, un un archivo maestro del que quieras crear una copia cada vez (por ejemplo, un archivo base de edición de video, de edición de imágenes, un archivo de word…), simplemente abre el inspector del mismo (⌘I, o haz click derecho **"obtener información"**) y marca la casilla ✔ Plantilla.

Ahora, cada vez que hagas doble click sobre este archivo, **no se abrirá**, sino que se creará una copia automáticamente, sobre la que podrás trabajar sin miedo.

Extra: si necesitas algo más profesional, que duplique carpetas enteras, échale un vistazo a la aplicación gratuita Post Haste https://enfoquenomada.com/organizar-proyectos-plantillas/

17

ABRE CARPETAS EN OTRA PESTAÑA O VENTANA

Si mientras estás en el Finder, quieres abrir una carpeta en otra pestaña o ventana, para así mantener la ubicación en la que te encuentras actualmente, simplemente tendrás que hacer **doble click para abrirla normalmente, mientras mantienes pulsada la tecla ⌘**.

Que esta nueva ubicación se abra en una nueva pestaña o ventana, dependerá de esta opción que tengas configurada en el Finder.

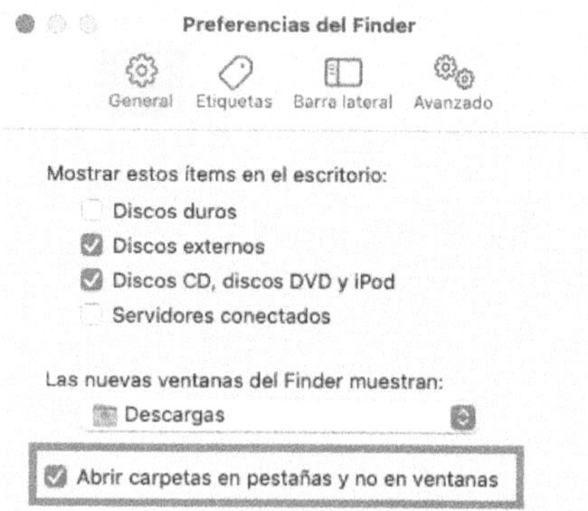

18

ICONOS PERSONALIZADOS PARA TUS CARPETAS

En mi [curso de OmniFocus](http://limni.net/cursos/omnifocus/), enseño a crear y añadir scripts a la aplicación para trabajar más rápido con ella.

A estos scripts, les añado un icono propio para saber sobre cuál tengo que hacer click.

Esto es algo que puedes replicar en el Finder, para añadir iconos personalizados a tus carpetas.

Solo tienes que:

- Abrir con Vista Previa la imagen que quieres usar como icono personalizado, y seleccionar la opción del menú "Edición > Copiar"
- Abrir el inspector de la carpeta que quieres modificar (⌘I, o click derecho **"obtener información"**)
- Hacer click sobre el pequeño icono de la carpeta que aparece al lado del nombre

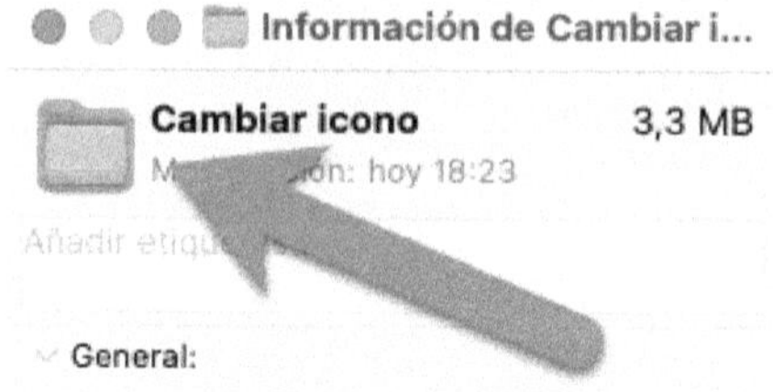

- E ir al menú "Edición > Pegar"
- ¡Listo!

Para recuperar el icono original, solo debes volver al inspector, seleccionar de nuevo el icono (ahora el personalizado), y esta vez pulsar la tecla Delete ⌫.

19

NUEVA CARPETA A PARTIR DE SELECCIÓN

Seguro que en alguna ocasión has querido crear una carpeta nueva para añadir elementos en su interior.

Aunque podrías hacerlo siguiendo el método tradicional (⇧⌘N, o Archivo > Nueva Carpeta), es mucho más práctico seleccionar los elementos que quieres, y mediante un click derecho, elegir la opción "nueva carpeta a partir de selección"

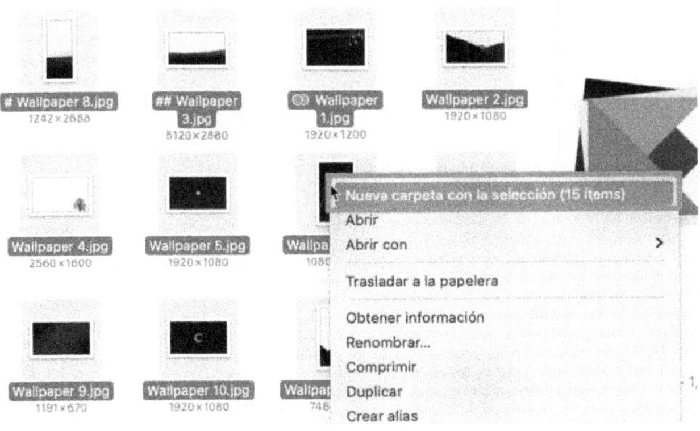

La carpeta se creará, y los archivos se moverán dentro, ¡2x1!

20

RENOMBRAR EN LOTE

Ya que en Mac los archivos y carpetas se renombre pulsando ↩, pero si seleccionas varios archivos a la vez y pulsas ↩, no pasa nada, mucha gente piensa que no es posible renombrar elementos en lote en macOS, o que necesitan aplicaciones más potentes como "A Better Finder Rename" para hacerlo.

La verdad es que esto no es así. Si seleccionas varios elementos, con un click derecho podrás acceder a la opción de renombrado en lote:

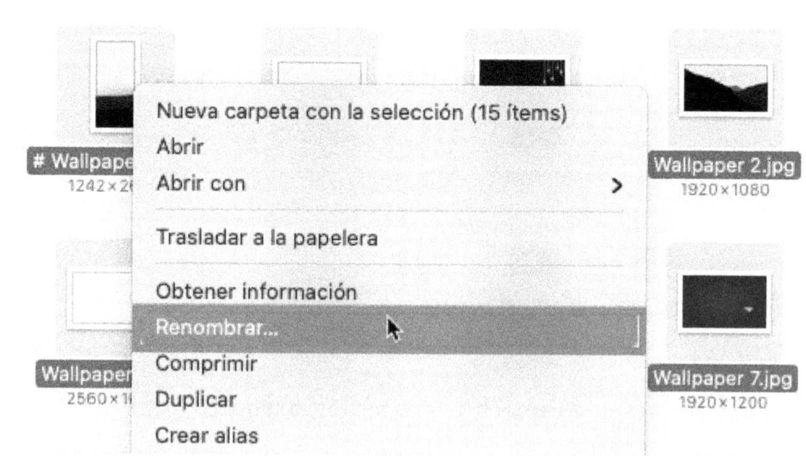

No es la solución más potente, pero es más que suficiente en la mayoría de los casos.

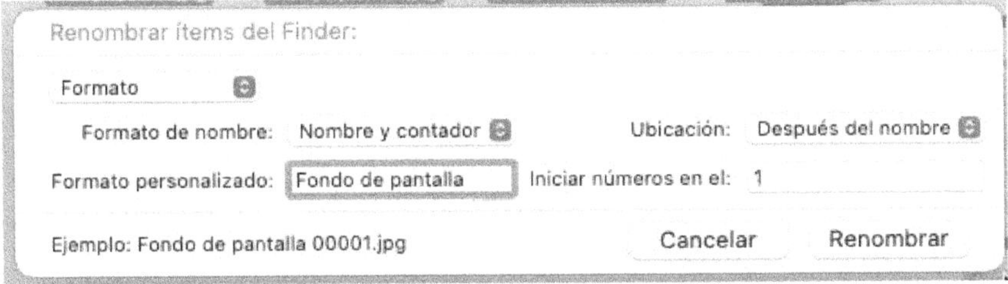

21

BLOQUEA ARCHIVOS

¿No quieres modificar o eliminar un archivo por error?

Abre el inspector del mismo (⌘I, o haz click derecho **"obtener información"**) y marca la casilla ✔ Bloqueado.

El archivo o carpeta en cuestión no podrá modificarse o eliminarse, ni tan siquiera moverse de sitio. Esto no es una protección mediante contraseña, sino una forma de protegerte ante errores.

🎁 ACCEDE GRATIS A LA MEMBRESÍA DE LIMNI.NET

¡Gracias por leer esta guía y colaborar con la creación de contenido!

Con la compra de este libro has desbloqueado 1 mes gratuito en la membresía formativa de Limni.net, decenas de tutoriales y horas de contenido sobre productividad en entornos Apple, a golpe de click.

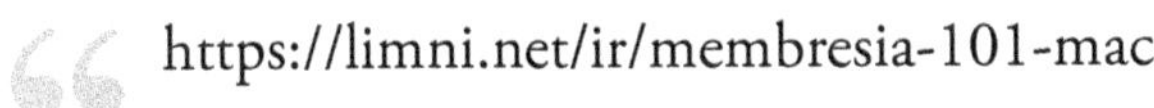

> https://limni.net/ir/membresia-101-mac

¡Espero verte por allí!

¡Un saludo y gracias por leer!

Javier Cristóbal.

✔ TRUCOS DEL DOCK

El Dock es una de las grandes (si no la mayor) peculiaridad de macOS respecto a sistemas Windows, aunque no demasiados, si esconde un par de secretos interesantes.

1

WEBS EN EL DOCK

Si arrastras una URL desde el navegador Safari a tu Dock (no en la sección de aplicaciones, sino en la de documentos, al lado de la papelera), podrás crear un acceso directo a dicha web.

La única desventaja de esto es que el icono no se corresponderá en la mayoría de los casos con la web.

Pero para solucionar esto, puedes arrastrar la URL al escritorio, cambiarle el icono como viste en un truco anterior, y arrastrar ahora sí, dicho elemento al Dock.

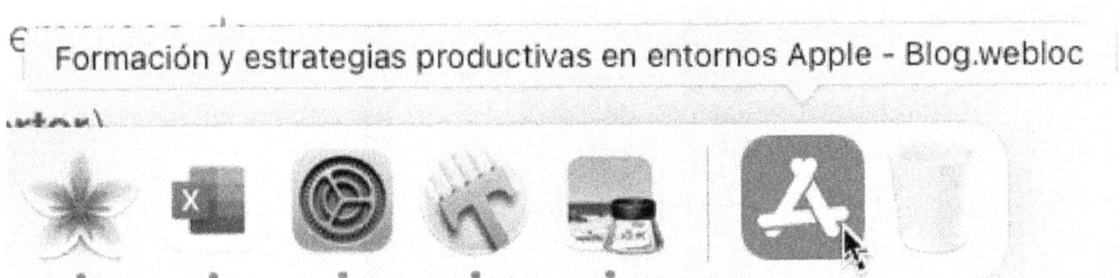

Nota: guarda ese archivo a salvo (por ejemplo, en Dropbox), ya que si lo borras, el acceso del Dock dejará de funcionar.

2

ACCESO RÁPIDO A VENTANAS Y AJUSTES

Todo el mundo hace clicks normales sobre los iconos del Dock, pero muchos olvidan que también puedes hacer Click derecho sobre los mismos.

En muchas ocasiones esto te dará acceso a opciones extra.

Por ejemplo, Vista Previa te permite acceder rápidamente a los últimos archivos abiertos:

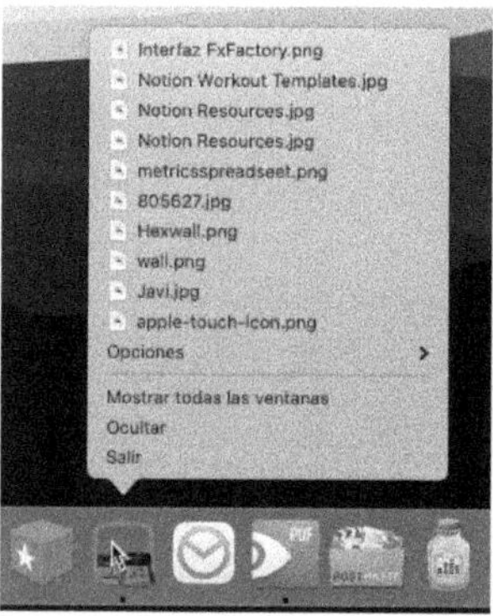

Otras apps como OmniFocus, te permiten acceder a tus perspectivas rápidamente, y el **Finder, a localizaciones recientes**.

El icono de Monitor de Actividad por ejemplo, te permite incluso cambiar su icono por uno que ofrezca información en tiempo real:

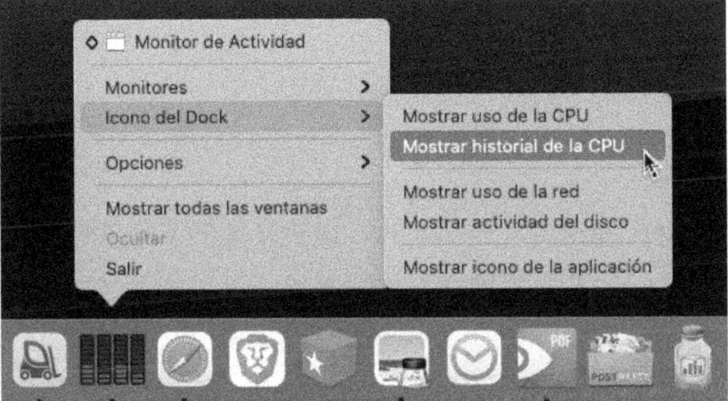

3

CAMBIAR EL TAMAÑO RÁPIDAMENTE

El Dock se adapta en tamaño al contenido de su interior, pero en ocasiones, querrás verlo más grande o más pequeño.

O quizá acabas de cambiarlo de tamaño sin saber muy bien cómo (a mi me ha pasado más de una vez)

Y es que si dejas posicionado el puntero del ratón en la línea vertical que separa las aplicaciones de los documentos, podrás **hacer click y arrastrar hacia arriba y hacia abajo para cambiar su tamaño rápidamente**, sin tener que acceder a las preferencias.

4

CENTRA TU ATENCIÓN

Si durante tu trabajo terminas con decenas de ventanas abiertas de varias aplicaciones, y quieres centrarte rápidamente en una en concreta, prueba a hacer **click sobre dicha app, manteniendo pulsado ⌥⌘.**

Este truco ocultará todas las ventanas a excepción de las del icono que acabas de clicar.

5

FORZAR SALIDA

Si alguna aplicación se ha quedado atascada, no hace falta que lances el gestor de tareas (> Forzar salida...) o ejecutes ⌥⌘Escape.

Bastará con que hagas click sobre el icono en cuestión, con la tecla ⌥ pulsada, para ver aparecer una opción que te permita forzar el cierre de la aplicación colgada.

✔ TRUCOS DE ACCESIBILIDAD

Aunque están enfocadas a personas con algún tipo de discapacidad, las funciones de accesibilidad pueden resultar muy útiles para cualquier tipo de persona.

Encontrarás estas modificaciones en las **Preferencias de tu Sistema > Accesibilidad.**

1

ZOOM PUNTUAL EN TU PANTALLA

Cuando estés trabajando/navegando, en algún momento te toparás con algo demasiado pequeño que te gustaría ver con más claridad.

En lugar de acercarte a la pantalla, hay un truco mejor.

Desde la pestaña Zoom en las opciones de accesibilidad, puedes activar la siguiente casilla.

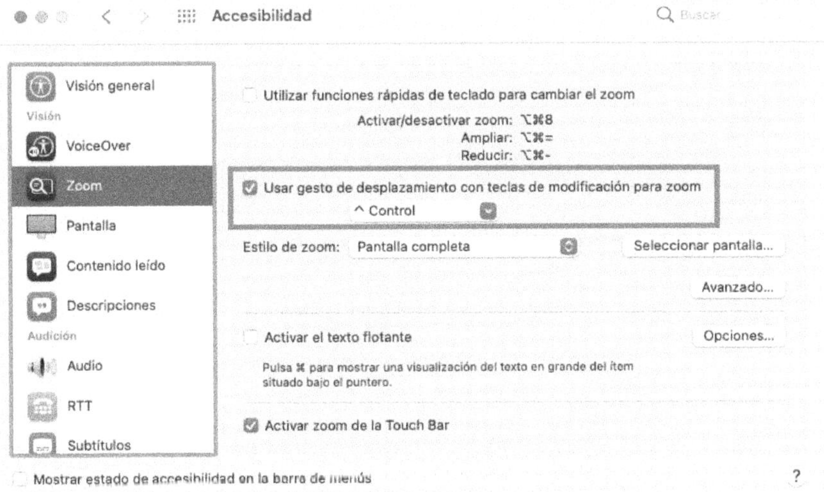

En mi caso como ves, lo tengo configurado con la tecla Control, si la mantengo pulsada y hago scroll hacia adelante con la rueda del ratón, puedo ampliar o reducir el zoom de la pantalla de manera temporal fácilmente.

2

TOUCH BAR EN TU PANTALLA

Otra opción que encontrarás en la sección anterior, es la de activar el Zoom de la Touch Bar.

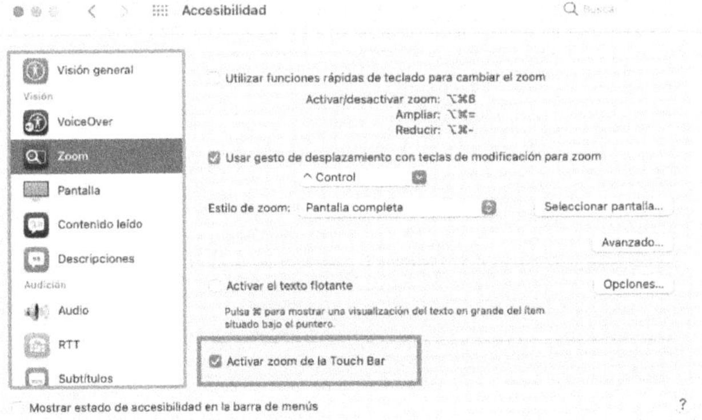

Con esto conseguirás que al pulsar la Touch Bar de tu equipo, esta aparezca aumentada en tu pantalla.

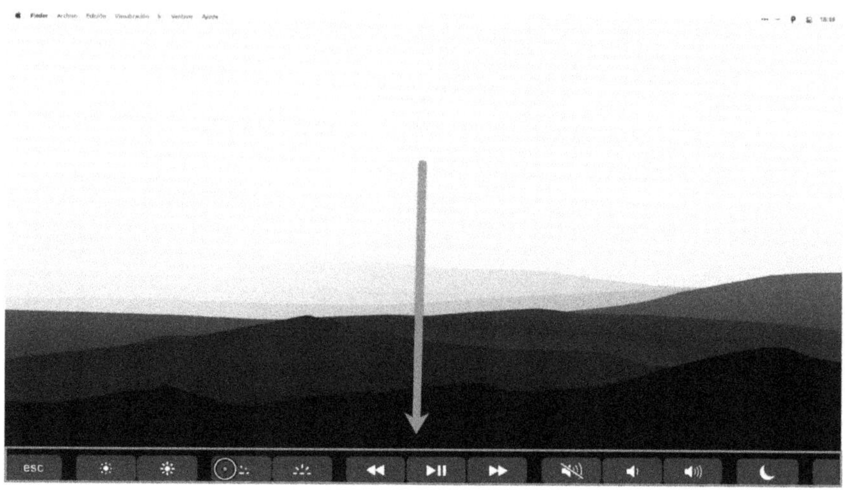

Esto es muy práctico ya que te ayudará a ver mejor qué es lo que estás pulsando.

3

ARRASTRE CON TRES DEDOS

Si vas a la sección "Control del puntero > Opciones del Trackpad", podrás activar la casilla ✔ Activar arrastre con 3 dedos.

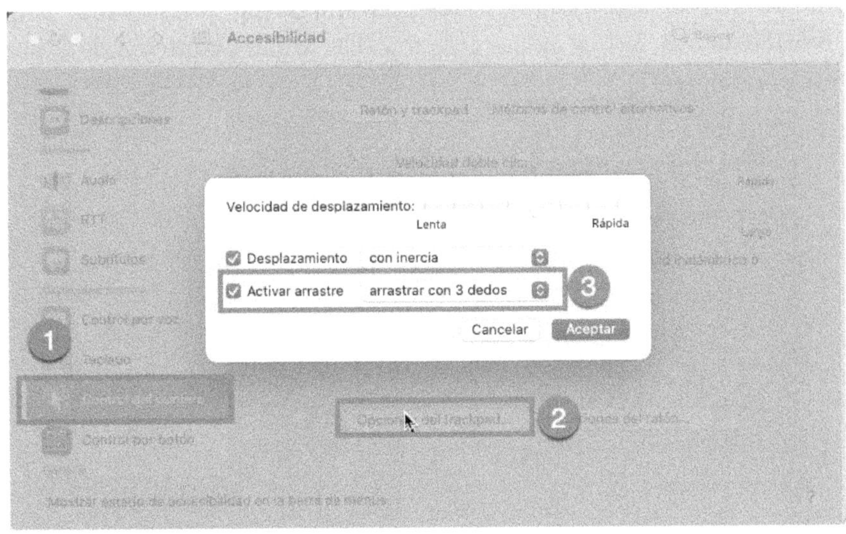

De esta forma, moviendo 3 dedos encima de tu trackpad podrás desplazar ventanas fácilmente. Esto es más fácil que arrastrar haciendo click y manteniendo pulsado el trackpad.

4

ESCRIBE A SIRI

¿Quieres utilizar las capacidades de Siri pero no quieres hablar con ella porque estás en un ambiente silencioso?

Puedes activar una casilla en las preferencias de accesibilidad para interactuar con Siri de manera escrita (ella seguirá contestándote por voz normalmente)

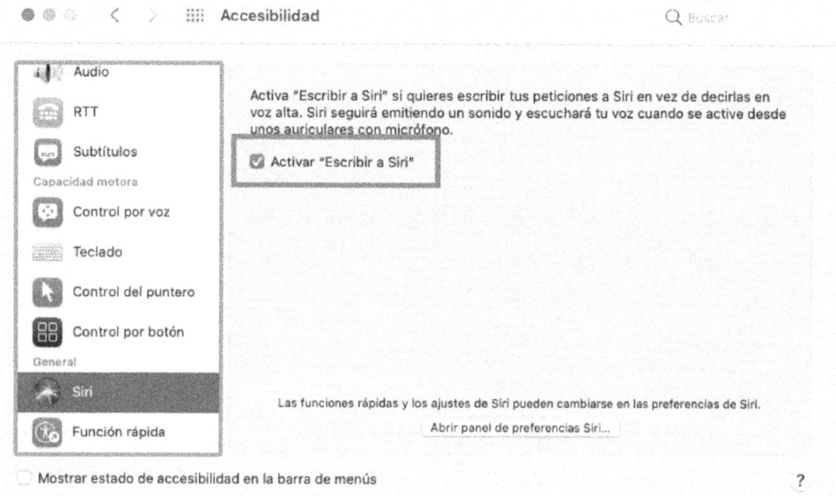

De esta forma podrás seguir disfrutando de sus capacidades de una manera más discreta:

✔ TRUCOS EN SAFARI

Después de gestionar archivos en tu equipo, otra de las acciones que seguramente más hagas será navegar.

Si utilizas el navegador por defecto que te ofrece Apple, aquí van un puñado de trucos que te ayudarán en tu día a día.

1

DESCARGAR PDFS DIRECTAMENTE

Safari tiene integrado su propio visor de PDFs, así que al hacer click sobre enlaces que te lleven a los mismos, este visor es el que se carga por defecto.

Este es un comportamiento que a mi personalmente no me gusta, ya que cuando accedo a un PDF, normalmente lo que quiero es descargarlo, y este visor me obliga a hacer pasos intermedios.

Pero si haces **click manteniendo pulsada la tecla ⌥ sobre el enlace que lleva al PDF**, este se descargará automáticamente en vez de mostrarse en el navegador, lo cual es mucho más práctico.

2

RESTAURAR UNA PESTAÑA CERRADA POR ERROR

Si llevas un tiempo en macOS sabrás que ⌘Z es nuestro "Control Z" particular para deshacer el último paso (normalmente, un error)

Lo que quizá no sepas es que este ⌘Z funciona en Safari para el **clásico patinazo de cerrar una pestaña por error.**

Si estás navegando y cierras una de tus pestañas sin quererlo, pulsa ⌘Z y volverá a aparecer de inmediato.

A mi me ha salvado muchas veces..

Ojo, lo que en realidad estás haciendo aquí es "deshacer" la última acción.

A mi me resulta muy cómodo porque me es muy intuitivo, pero el atajo ⇧⌘T (o Historial > Abrir última pestaña cerrada), es el que realmente se dedica a restaurar la última pestaña cerrada, y te permitirá pulsarlo tantas veces como necesites para ir a pestañas que hayas cerrado hace tiempo.

Este último atajo (⇧⌘T) funciona en otros navegadores como Brave, donde ⌘Z, no funciona.

3

ACTIVAR PIP DESDE LA PESTAÑA

Para ver videos Picture in Picture, mucha gente recomienda, al menos para YouTube, hacer click derecho sobre el video dos veces para así activar el menú que te permite poner ese video como PiP.

Waltr Pro, convierte y transfiere cualquier archivo a tu iPhone o iPad

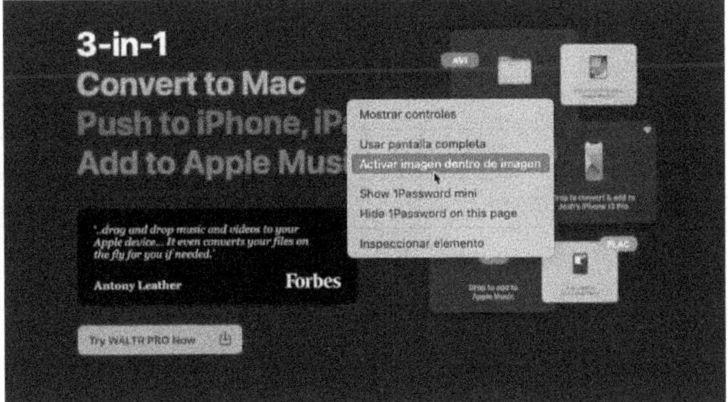

No tengo nada en contra de ese método, pero por ejemplo, click derecho sobre uno de los videos de mi [membresía](https://limni.net/membresia/), no te permite utilizar esa opción:

Pestañas personalizadas en Office

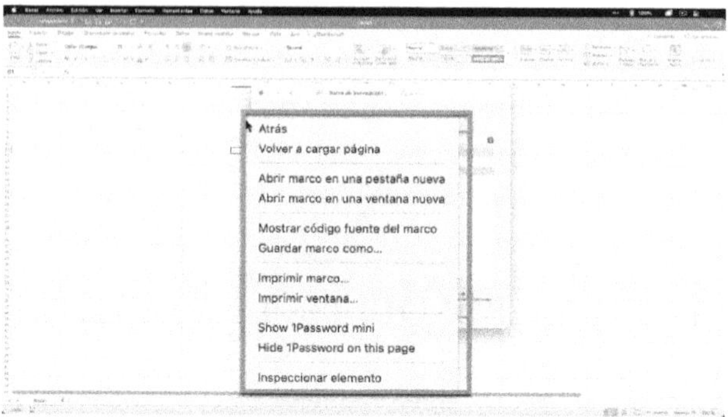

Para activar PiP en casi cualquier sitio, (y especialmente en los cursos que encontrarás en Limni.net 😛) es mucho más fácil hacer **click derecho sobre el icono del altavoz** que aparece en la pestaña de tu navegador, y activar PiP desde allí.

Así podrás hacerlo incluso sin tener que abrir la pestaña donde el video se esté reproduciendo.

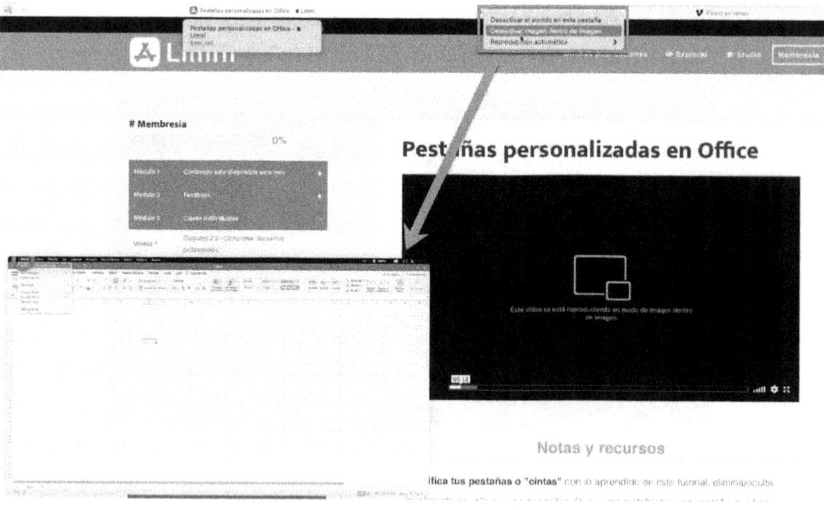

4

MOSTRAR TODAS LAS PESTAÑAS ABIERTAS RÁPIDAMENTE (TAMBIÉN EN FINDER)

¿Cuántas pestañas tienes abiertas ahora mismo en el navegador y por qué más de 20?

Saturar el navegador de pestañas, es uno de los males productivos que todos cometemos, por eso, en Safari implementaron un botón que permite mostrar todas las pestañas abiertas de manera visual.

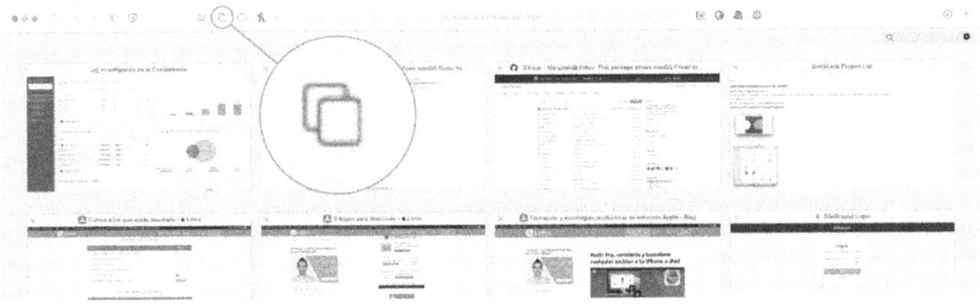

El truco es que este botón también se puede lanzar mediante el atajo ⇧⌘º (el botón a la izquierda del 1)

Te recomiendo aprenderte este atajo, porque funciona no solo en Safari, sino también en Finder:

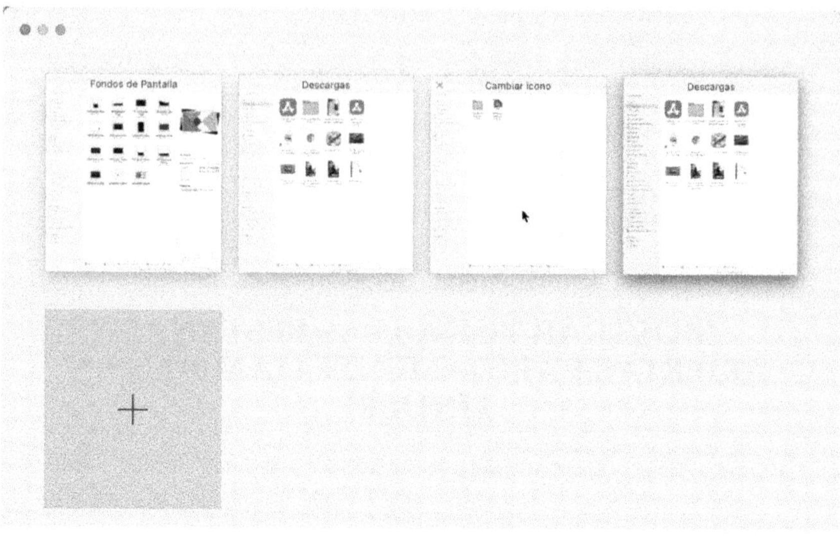
Fondos de Pantalla
Descargas
Cambiar icono
Descargas

5

ENFOQUE RÁPIDO EN LA BARRA DE ENLACES

La "OmniBar" de Safari es muy práctica, ya que te permite tanto escribir enlaces directos como búsquedas específicas.

Para centrar el cursor en ella rápidamente sin necesidad de usar el ratón, y así poder empezar a escribir, simplemente ejecuta el atajo **⌘L** (recuérdalo como L de Link)

Esta es también una manera muy rápida de copiar enlaces: **⌘L y ⌘C** y tendrás copiado el enlace para compartir en menos de medio segundo.

6

BUSCA ENTRE TUS PESTAÑAS

⇧⌘o te permitía lanzar una vista con todas tus pestañas de Safari para así encontrar rápidamente la que necesitases.

Pero si tienes demasiadas, esta visualización puede no ser suficiente para encontrar lo que necesitas.

Por eso, **en Apple implementaron un buscador**, que se carga junto a la previsualización de pestañas, así que nada más ejecutes ⇧⌘o, simplemente escribe lo que necesites para filtrarlas y encontrar la que estés buscando.

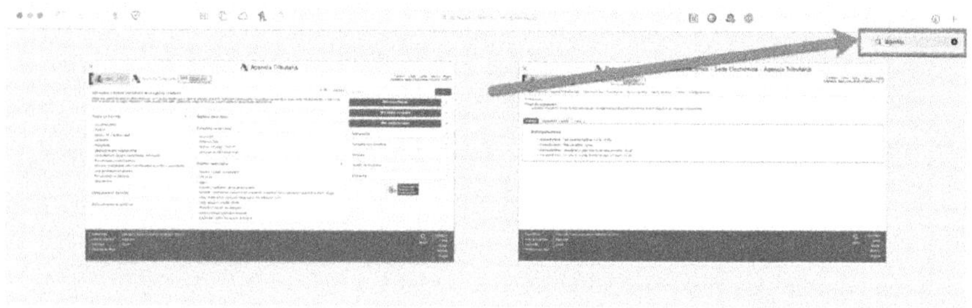

Este buscador también está integrado en la "omnibar" que acabas de ver, así que otro truco para buscar pestañas, es ejecutar ⌘L, y escribir el nombre de la web que sabes que tienes abierta pero no sabes dónde.

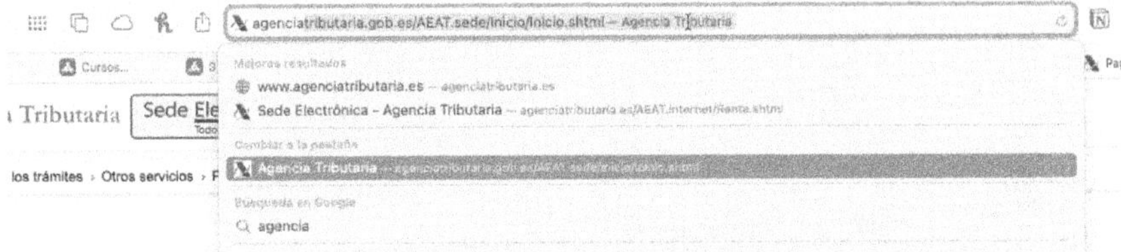

¡Ya puedes seguir con tus decenas/cientos de pestañas abiertas, mientras las gestionas de manera mucho más eficiente!

7

RECUPERAR UNA SESIÓN DE VENTANAS

Si sueles cerrar las ventanas que ya no te interesan mediante el atajo ⌘W, pero en alguna ocasión te ha patinado el dedo y has terminado cerrando todo Safari con el atajo ⌘Q, hay una solución para ti.

Además de restaurar pestañas cerradas recientemente (con ⌘Z o ⇧⌘T), en Safari también puedes restaurar sesiones completas.

Si cierras Safari por error, o se te cuelga, ve a **"Historial > Volver a abrir todas las ventanas de la última sesión"**, y podrás recuperarlas todas con un simple click.

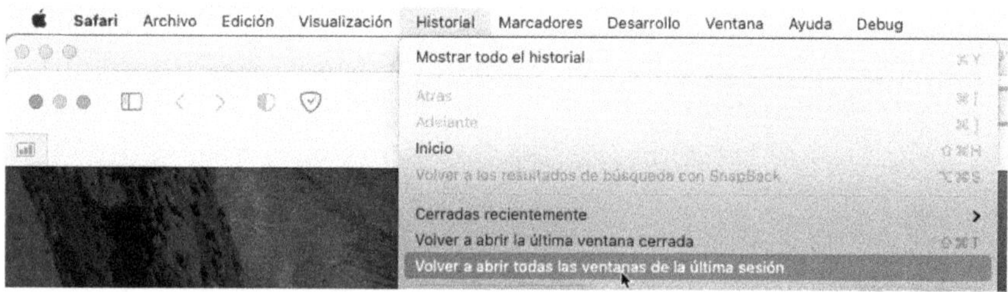

8

BORRA ÚNICAMENTE EL HISTORIAL

Si alguna vez has borrado el historial de Safari desde el menú **Historial > Borrar Historial**, te habrás dado cuenta que después de ello, has perdido el login de todas las webs con inicio de sesión, como Twitter.

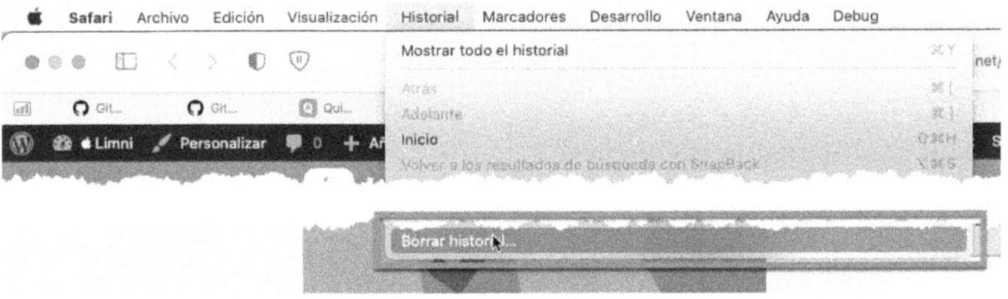

Esto es debido a que ese botón de Borrar historial, también borra otros elementos, como la caché del navegador.

Para borrar únicamente el historial, deberás mantener pulsada la tecla ⌥ antes de pulsar, verás entonces que la etiqueta cambia a **"Borrar historial y conservar los datos de navegación"**, algo mucho más práctico en la mayoría de los casos.

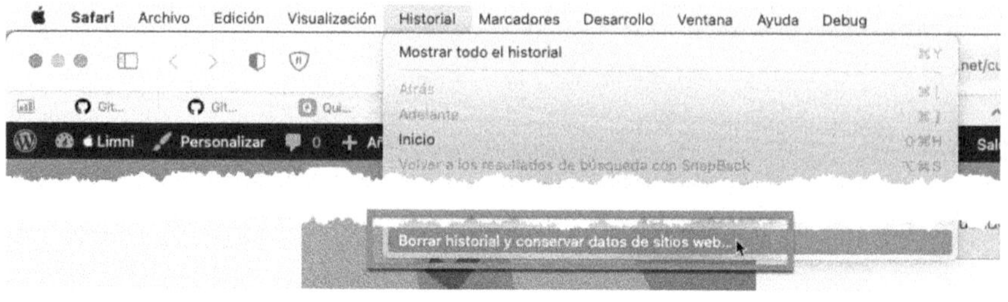
Safari Archivo Edición Visualización Historial Marcadores Desarrollo Ventana Ayuda Debug
Mostrar todo el historial
Atrás
Adelante
Inicio
Volver a los resultados de búsqueda con SnapBack
Limni
Personalizar
Borrar historial y conservar datos de sitios web...

9

USA HONEY

Este truco no es exclusivo de Safari, pero te ahorrará tiempo (y dinero)

Instala la extensión [Honey](https://apps.apple.com/es/app/honey-for-safari/id1472777122?mt=12)

Al hacerlo, la misma detectará automáticamente si las webs que visitas tienen descuentos disponibles, y los aplicará automáticamente para ver cuál de ellos funciona, **y cuál ofrece mayor descuento**.

Así de sencillo, con Honey te olvidarás de perder el tiempo con las clásicas búsquedas "cupón + nombre de tienda" cuando estés en un checkout.

Este es el único truco de este libro que depende de una aplicación externa, pero quería incluirlo porque merece mucho la pena.

10

AÑADIR A LISTA DE LECTURA RÁPIDAMENTE Y/O EN LOTE

Si estás navegando y te encuentras un artículo que te gustaría leer en otro momento, ejecuta el atajo **⇧⌘D** (Leer **D**espués), y el mismo se irá allí directamente.

Luego puedes cerrar la pestaña con ⌘W.

Mucho más rápido que hacerlo desde el menú "Marcadores", aunque desde allí podrás añadir en lote todas las pestañas que tengas abiertas:

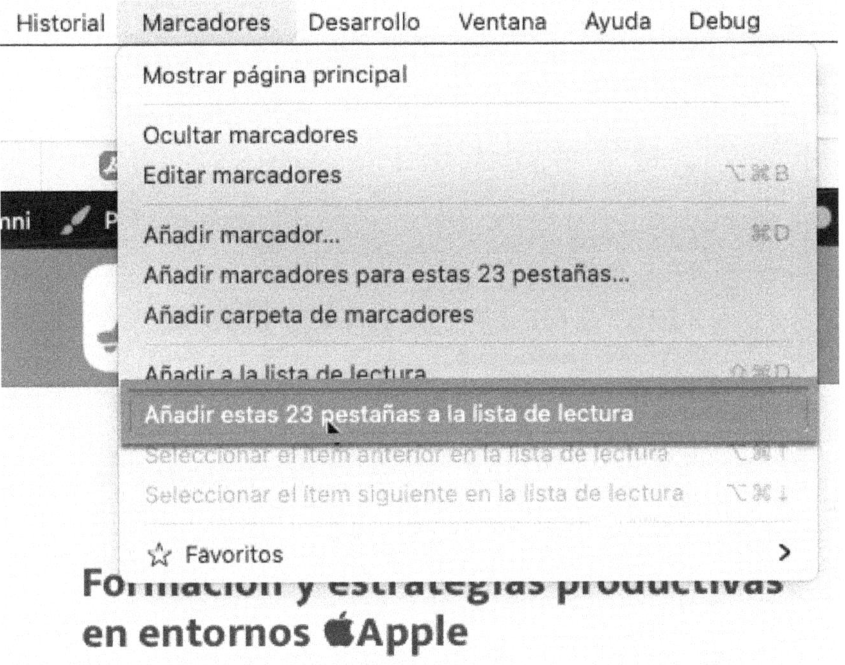
Historial
Marcadores
Desarrollo
Ventana
Ayuda
Debug
Mostrar página principal
Ocultar marcadores
Editar marcadores
Añadir marcador...
Añadir marcadores para estas 23 pestañas...
Añadir carpeta de marcadores
Añadir estas 23 pestañas a la lista de lectura
Seleccionar el ítem siguiente en la lista de lectura
Favoritos
en entornos Apple

11

LISTA DE LECTURA EN LOCAL

La Lista de Lectura no solamente te permite capturar elementos que quieras leer después, sino que te permite almacenarlos en local para poder leerlos tranquilamente cuando estés sin conexión y tengas tiempo.

Esto se puede automatizar desde las preferencias del propio Safari:

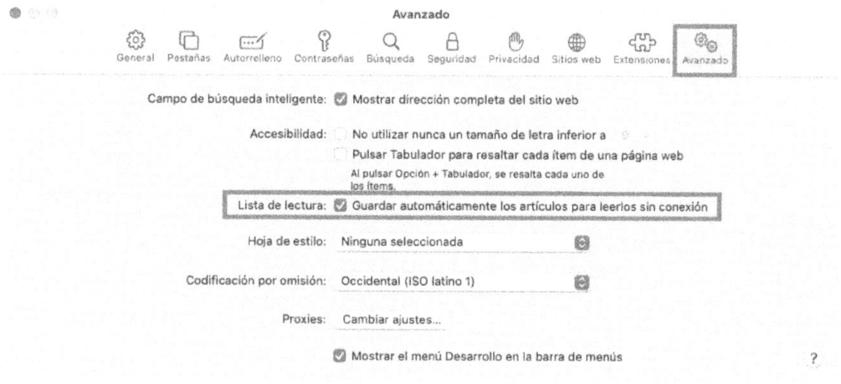

Pero si quieres más control sobre lo que se sincroniza y lo que no, puedes desactivar dicha casilla, y guardar los archivos en local de manera manual mediante un click derecho sobre los mismos:

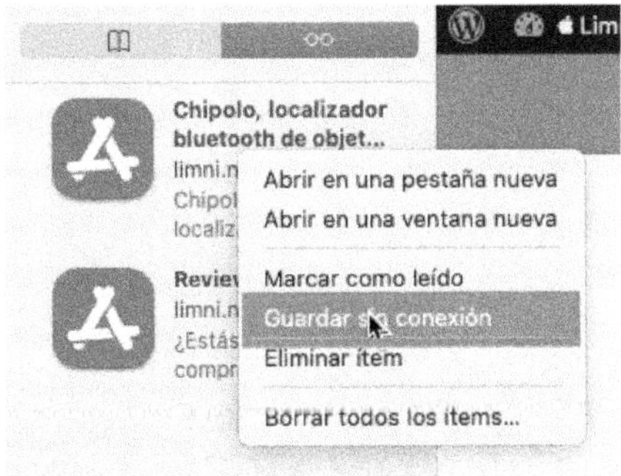
Chipolo, localizador
bluetooth de objet...
Abrir en una pestaña nueva
Abrir en una ventana nueva
Marcar como leído
Guardar sin conexión
Eliminar ítem
Borrar todos los ítems...

12

INDEPENDIZAR PESTAÑAS

Si tienes muchas pestañas, y te gustaría tener una en una ventana exclusiva para "verla con menos ruido", o para hacer una captura de pantalla más decente, solo tienes que arrastrarla fuera de la barra de pestañas y listo, tendrás una ventana limpia con la que trabajar.

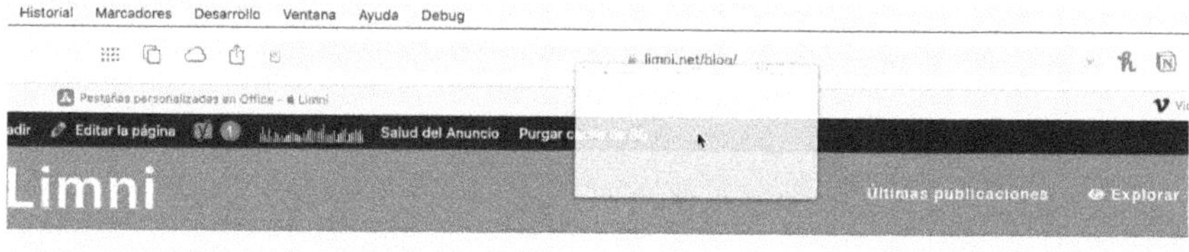

Este truco, como estarás imaginando, **también funciona en el Finder**.

13

FUSIONAR VENTANAS

Si quieres realizar el proceso contrario, es decir, tienes varias ventanas de Safari, cada una con varias pestañas, y te gustaría fusionar todo en una única pestaña, puedes hacerlo desde el menú **Ventana > Fusionar todas las ventanas.**

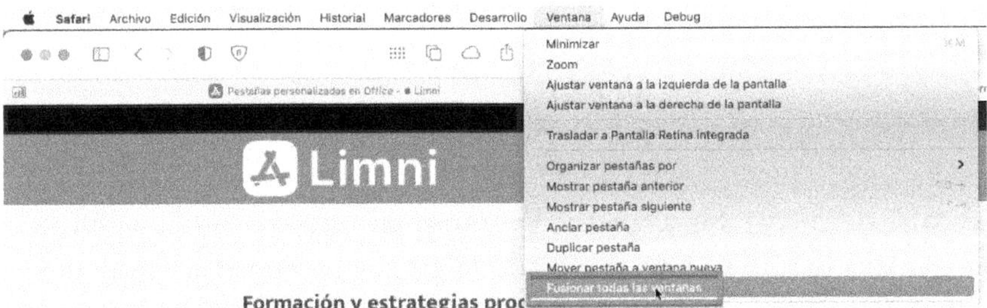

Sí, **¡este truco también está disponible en Finder!**

14

ORGANIZA AUTOMÁTICAMENTE LAS PESTAÑAS

Normalmente, entre toda la selva de pestañas que seguramente tengas abiertas en el navegador, habrá varias de la misma web (el clásico blog o periódico en el cual has abierto varias noticias)

Por la forma caótica que tenemos de navegar, es probable que termines con estas pestañas bastante descolocadlas.

Pero si de nuevo vas al menú **Ventana**, encontrarás una opción para **organizar pestañas**, bien por título (algo que no considero muy útil) o **por web**, que deja todo bastante más organizado.

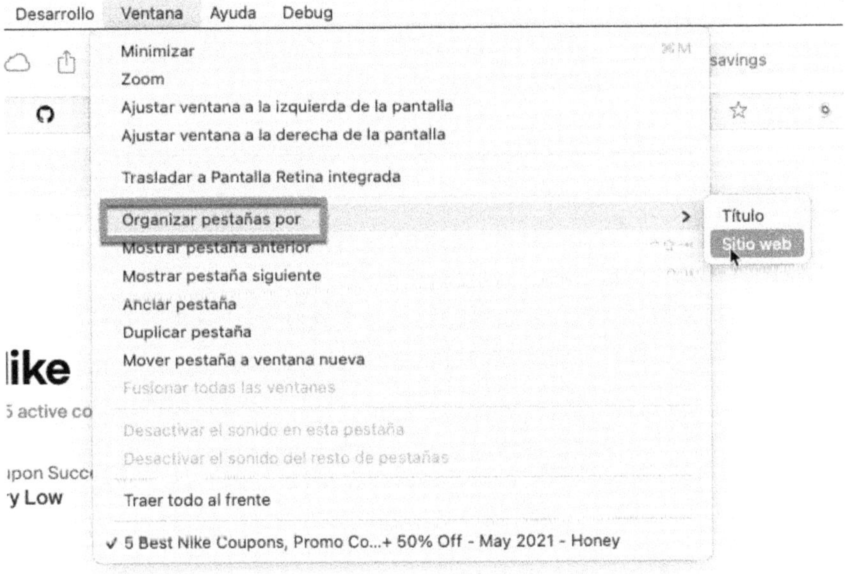

La organización "por web" es a su vez una organización por orden alfabético, así que te permitirá localizar las webs que necesites rápidamente.

15

CIERRA (CASI) TODAS LAS PESTAÑAS

Si tu sesión de navegación es un completo caos, y quieres cerrar todas las pestañas menos en la que te encuentras actualmente para así céntrate al máximo, puedes hacerlo mediante el atajo ⌥⌘W.

Esta opción solo aparece en el menú si mantienes pulsada la tecla ⌥.

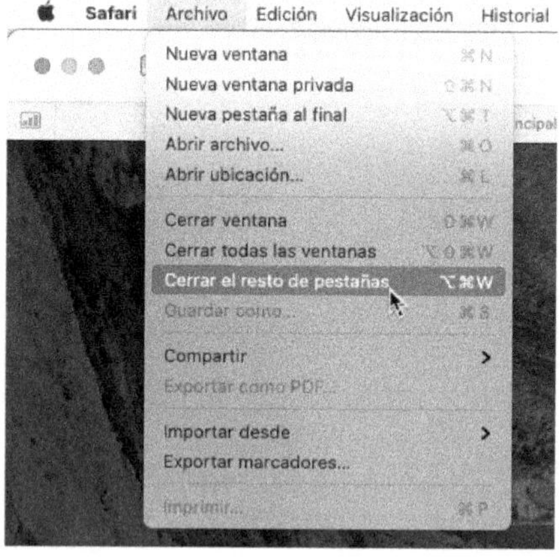

16

RECUPERAR UN HISTORIAL BORRADO POR ERROR

Si borras el historial de Safari por error, y utilizas Time Machine (¡deberías!), puedes recuperarlo fácilmente.

Si vas a tu nombre de usuario > Biblioteca > Safari, encontrarás un archivo llamado **History.db**, que se encarga de almacenar tus páginas visitadas.

Si estando en dicha carpeta, **lanzas Time Machine**, podrás viajar en el tiempo al pasado, y recuperar el History.db, que contendrá la información que has borrado por error.

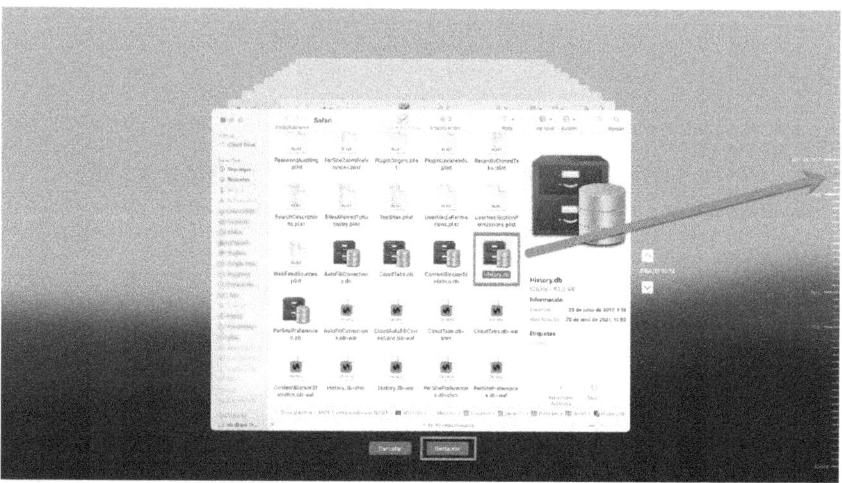

Ya de vuelta "al presente", restaura dicho archivo en dicha carpeta, y tendrás tu historial de vuelta sano y salvo.

17

ORGANIZA LA PÁGINA PRINCIPAL DE SAFARI

Con las últimas actualizaciones de Big Sur, ahora es posible reorganizar las secciones de la página principal de Safari haciendo click y arrastrando.

Apple no lo deja muy claro con alguna pista visual, así que que no se te escape este detalle.

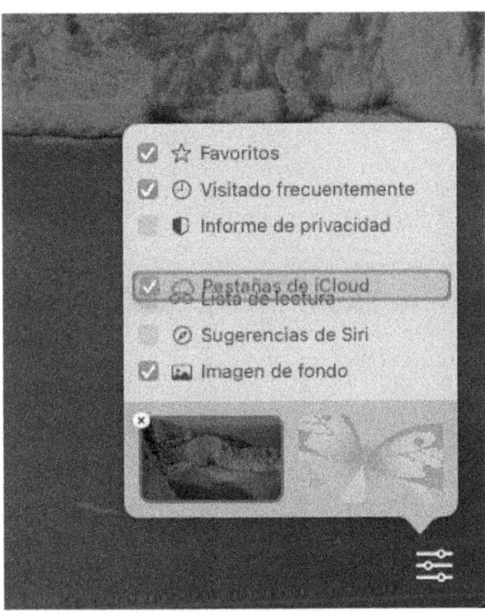

18

LECTOR AUTOMÁTICO

El modo "Lector" de Safari es muy bueno para leer artículos sin distracciones.

Puedes activarlo rápidamente con ⇧⌘**R** (R de **R**eader), pero si quieres utilizarlo siempre en alguna página que visites continuamente, puedes hacer click **derecho sobre la URL** para decirle a Safari que quieres que el lector se cargue automáticamente en dicha web, lo cual te ahorrará trabajo, y te permitirá tener una mejor experiencia de lectura.

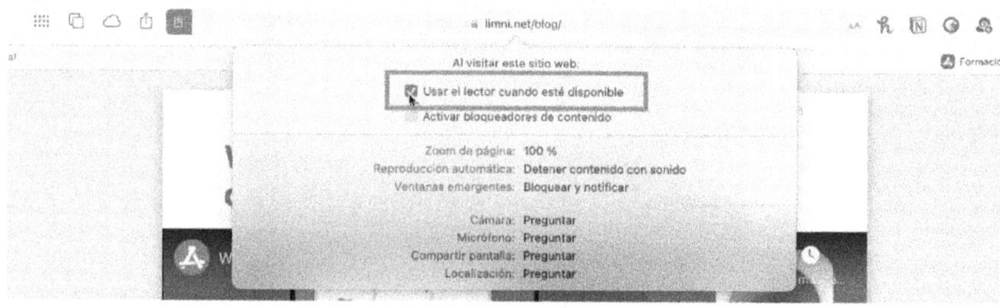

19

NAVEGACIÓN RÁPIDA ENTRE PESTAÑAS

Aunque existen atajos para moverte entre pestañas (Control⇥ para ir a la siguiente pestaña o ⇧Control⇥ para la anterior), es un atajo un poco complejo.

Para saltar rápidamente entre pestañas, es mucho más intuitivo y práctico usar ⌘X, siendo X el número de la pestaña a la que quieres navegar: ⌘1 te llevará a la primera pestaña, ⌘2 a la segunda, y así sucesivamente, a excepción del número 9, que te lleva a la última pestaña.

El único inconveniente es que 9 será el tope de pestañas al que puedas desplazarte.

20

FAVORITOS RÁPIDOS

El truco anterior funciona al anclar pestañas en Safari (arrastrándolas a la zona de la izquierda del navegador)

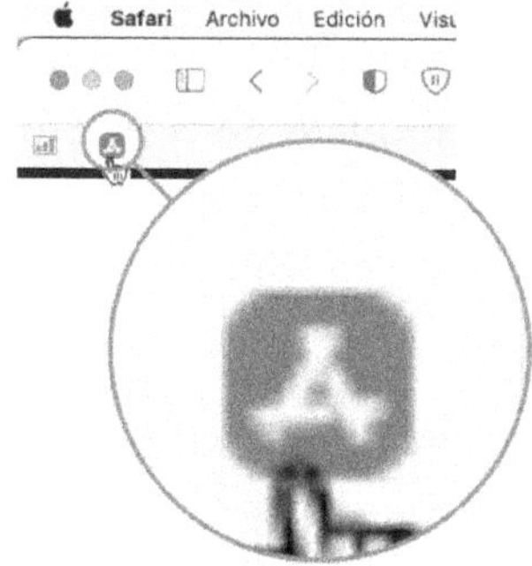

Si quieres tener 8[1] favoritos a los que puedas acceder rápidamente mediante atajos de teclado, puedes hacerlo.

Por ejemplo, podrías aprovechar este truco para acceder rápidamente a tu Gmail, YouTube, tu banco…

1. Recuerda que el número 9 te lleva a la última pestaña.

21

HISTORIAL RÁPIDO

¿Sabes que has visitado una página hace 4 o 5 clicks y quieres volver a ella? No hace falta que hagas clicks de manera alocada en la flecha de ir hacia atrás, simplemente mantenla pulsada y elige a qué punto en el tiempo quieres volver:

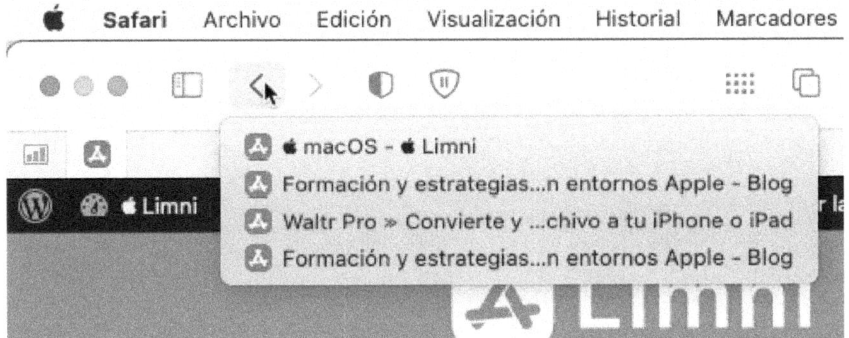

✔ TRUCOS DEL TRACKPAD

Si tienes un trackpad, también podrás realizar ciertas acciones con él para trabajar más rápido (además de arrastrar ventanas con 3 dedos, como viste en los trucos de accesibilidad)

1

PREVISUALIZA CON FORCE TOUCH

Si quieres ver hacia dónde te llevará un enlace de una web, no hace falta que lo abras en una nueva pestaña, puedes hacer un force touch (click fuerte y mantener el dedo) para ver una previsualización de la página que se abriría:

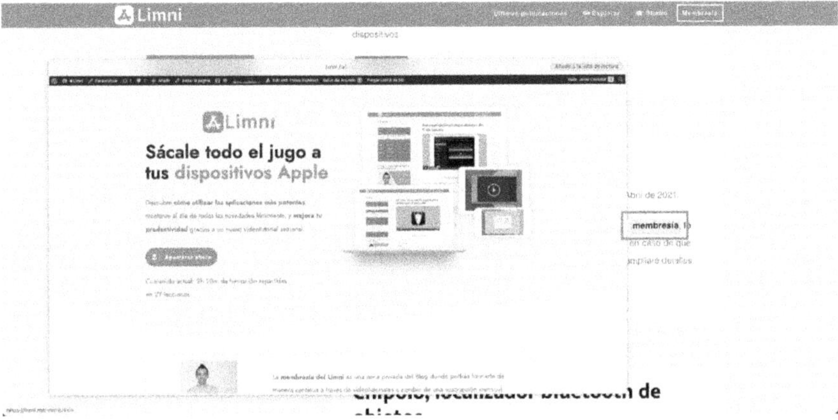

Esta previsualización es **totalmente funcional**, podrás hacer scroll para navegar por ella, e incluso click para acceder a algún enlace dentro de la misma.

Si quieres terminar de abrirla, simplemente haz click sobre cualquier parte de la previsualización.

Esta previsualización también funciona en otros lugares, como enlaces en Pages, no solo en Safari.

2

APRENDE Y TRADUCE A GOLPE DE CLICK

El force touch no solamente te permitirá previsualizar enlaces, sino también definir y traducir palabras.

Si haces un **force touch sobre una palabra en tu idioma**, podrás ver una definición de la misma.

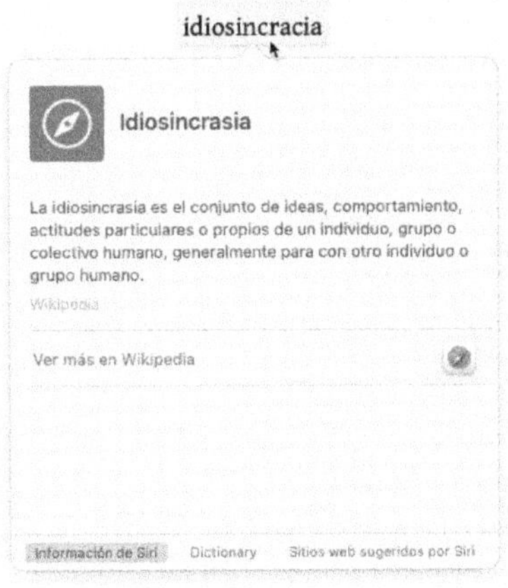

Y si haces force touch sobre una palabra en otro idioma, macOS te ofrecerá una definición en el tuyo, para que puedas aprenderla fácilmente.

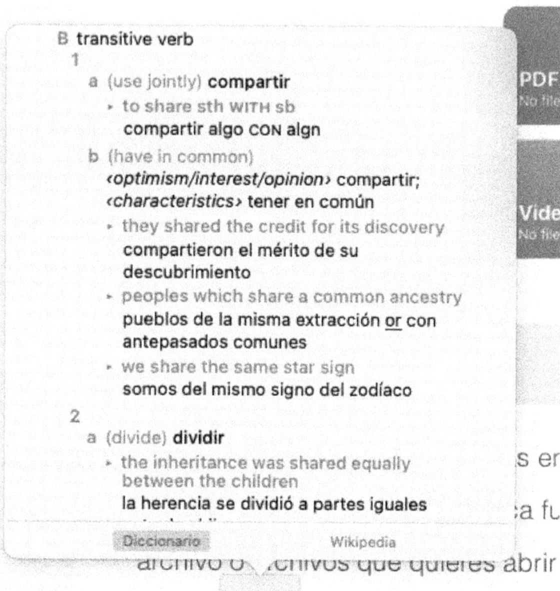

3

PREVISUALIZA Y RENOMBRA CON FORCE TOUCH

También puedes utilizar Force Touch sobre los archivos de Finder:

- Force Touch sobre el nombre, te permitirá renombrarlos
- Force Touch sobre la miniatura, abrirá vista rápida

4

CREA EVENTOS CON EL TRACKPAD

Uno de los últimos trucos desaprovechados del Trackpad, es que si seleccionas una fecha de un texto, y realizas un force touch sobre ella, aparecerá un pequeño popup que te permitirá crear un evento para dicha fecha.

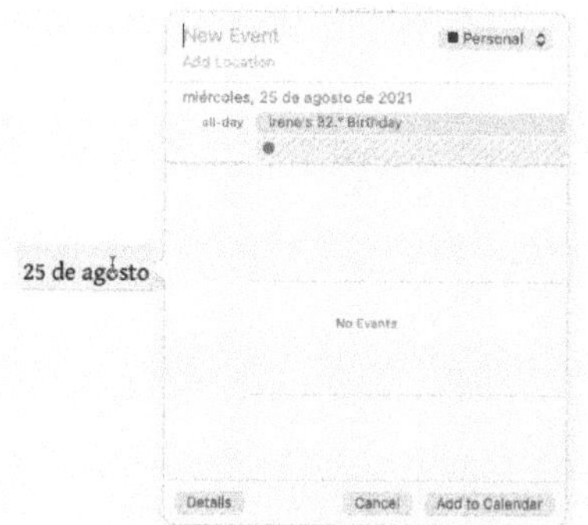

Muy útil para cuando veas algún evento en la web, algún amigo te diga cuando va a visitarte, o similares.

5

ZOOM RÁPIDO

Si quieres ampliar rápidamente un documento o web, no hace falta que ajustes el tamaño manualmente con el clásico gesto de pellizco, simplemente haz **doble tap con dos dedos**, y automáticamente se ajustará el texto al ancho de la pantalla, lo cual es muy práctico.

6

ACCEDE A LAS NOTIFICACIONES Y WIDGETS

El trackpad de Apple es realmente inteligente, y sabe diferenciar si deslizas hacia la izquierda con dos dedos en el "centro" del mismo, o si lo haces **empezando el arrastre desde la zona lateral derecha**.

Con este último gesto, podrás desplegar el menú de Notificaciones y Widgets de macOS fácilmente.

7

ACTIVA EL MODO SILENCIOSO

Los clicks continuos pueden llegar a ser muy molestos en una zona de trabajo.

Si trabajas con un trackpad, lo más común es que simplemente hagas "tap" a modo de click (tocar para hacer click), pero si quieres realizar otras acciones que con lleven hacer click, y quieres que estos sean más silenciosos, activa la casilla destinada a ello:

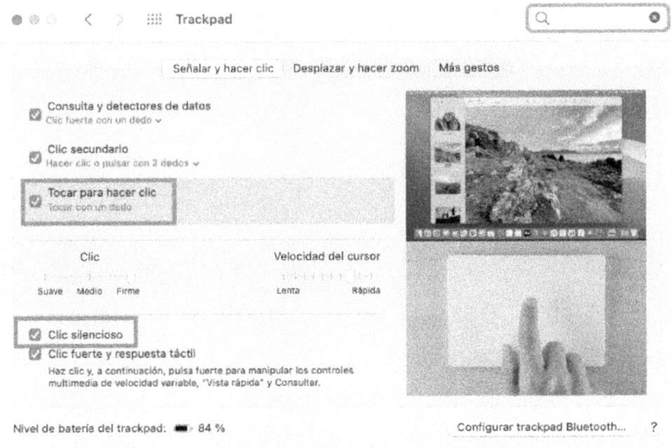

El resultado es mucho más agradable.

TEXTO

Después de gestionar archivos y navegar, escribir seguramente esté en el top 3 de tareas que haces en el día a día con tu Mac.

Con estos trucos podrás hacerlo de manera un poco más eficiente.

1

REEMPLAZA TEXTO

Aunque existen aplicaciones mucho más profesionales y recomendadas, macOS incluye una utilidad nativa para reemplazar texto, y así escribir más rápido.

Por ejemplo, puedes escribir ".email", para que esto se traduzca automáticamente en tu correo electrónico, ".móvil" para el número de tu teléfono, y cualquier abreviación que se te ocurra para ir más rápido (ppal=principal, ppio=principio, tmb=también)

Esto te hará ahorrar un montón de tiempo a poquitos, y evitará que cometas errores al escribir, ya que también puedes utilizar como disparador, palabras que escribas mal.

Estas opciones las encontrarás en las **Preferencias del Sistema > Teclado Texto**.

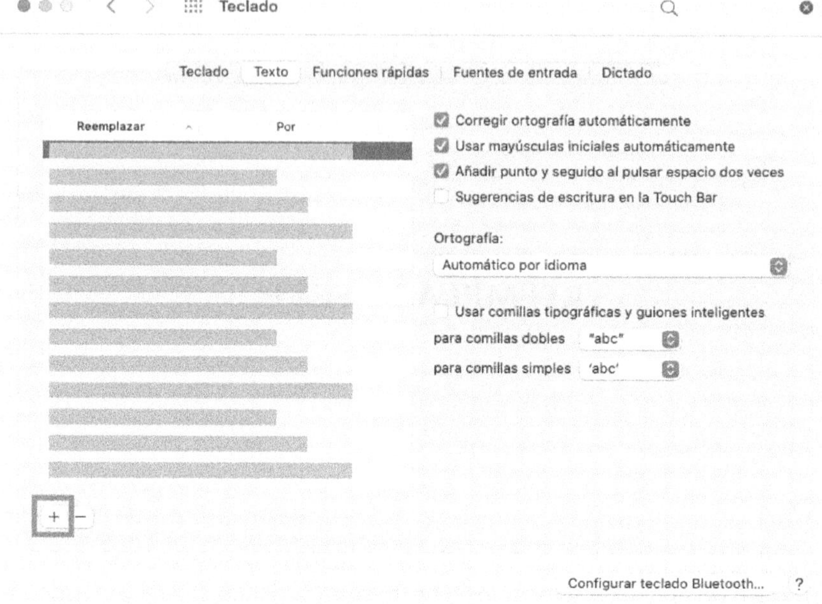

Pulsando la tecla +, podrás elegir qué disparador (normalmente, palabra corta), quieres convertir en qué otra.

Invierte un poco de tiempo aquí y lo recuperarás rápidamente.

2

ACCEDE A EMOJIS RÁPIDAMENTE

Aunque se puede desplegar la ventana de emojis con **Control⌘Barra espaciadora**,

Accede rápidamente a emojis

Si los usas muy a menudo, quizá quieras utilizar una alternativa más rápida, que es llamar a este pequeño popup, con la tecla fn que seguramente no uses demasiado.

Para activar esto, deberás ir a las **Preferencias de tu sistema > Teclado**, y en el desplegable "pulsar la tecla FN para", elegir **"mostrar emojis y símbolos"**.

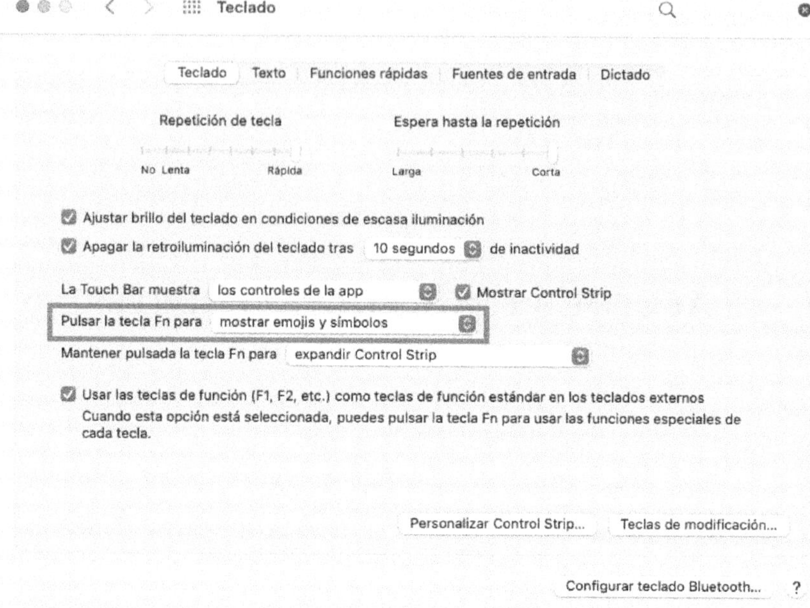
Teclado
Teclado
Texto
Funciones rápidas
Fuentes de entrada
Dictado
Repetición de tecla
Espera hasta la repetición
No
Lenta
Rápida
Larga
Corta
Ajustar brillo del teclado en condiciones de escasa iluminación
Apagar la retroiluminación del teclado tras
10 segundos
de inactividad
La Touch Bar muestra
los controles de la app
Mostrar Control Strip
Pulsar la tecla Fn para
mostrar emojis y símbolos
Mantener pulsada la tecla Fn para
expandir Control Strip
Usar las teclas de función (F1, F2, etc.) como teclas de función estándar en los teclados externos
Cuando esta opción está seleccionada, puedes pulsar la tecla Fn para usar las funciones especiales de cada tecla.
Personalizar Control Strip...
Teclas de modificación...
Configurar teclado Bluetooth...
?

3

DICTAR

Curiosamente, una de las maneras más rápidas de escribir en macOS, es **no escribir**.

El software de dictado que trae por defecto el sistema operativo de escritorio de Apple es realmente bueno, y apenas cometerá errores al escucharte.

Para ponerlo en marcha rápidamente, lo único que tienes que hacer es ir a las **Preferencias > Teclado > Dictado, y allí activarlo**, elegir tu idioma, y una forma de activar el dictado rápidamente.

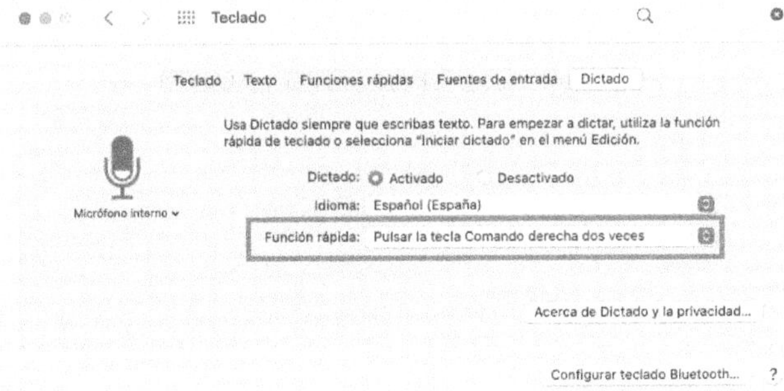

Yo lo tengo configurado con un doble click en la tecla de ⌘ derecho, de esta forma puedo hacerlo aparecer, comenzar a hablar, y que mi voz se convierta en texto rápidamente.

Para finalizar un dictado, puedes pulsar la tecla escape.

4

SELECCIONA PALABRAS, LÍNEAS Y PÁRRAFOS RÁPIDAMENTE

Este es un truco que quizá ya conozcas porque es un clásico, pero me facilita mucho la vida en mi día a día así que merece la pena comentarlo.

Y es que si haces **doble click sobre una palabra**, esta se seleccionará entera, mientras que **si haces triple click, se seleccionará el párrafo completo**.

Trabajando así evitarás perder el tiempo con el clásico movimiento del puntero del ratón para seleccionar exactamente lo que necesitas.

Para seleccionar líneas en cambio, yo suelo pulsar ↑ o ↓ manteniendo pulsada la tecla ⇧.

5

SELECCIONA HASTA EL PRINCIPIO O EL FINAL DEL DOCUMENTO

⇧⌘↑ y ⇧⌘↓ seleccionan toda la parte superior o inferior del texto a partir de desde donde tengas colocado el puntero del ratón.

Se acabó eso de seleccionar con el ratón para eliminar algo y perder el tiempo arrastrando por un scroll infinito.

Otro truco similar es, manteniendo pulsada la tecla ⇧ hacer click en el final de la parte del documento que quieras eliminar (el principio de la parte lo marcará la posición del puntero)

Nota: para hacer lo mismo con elementos del Finder, deberás usar la combinación ⇧⌥↑ o ↓. Mantener pulsada la tecla ⌥ en cambio, si que seleccionará el rango de archivos desde el primero hasta el último.

✔ CAPTURAS DE PANTALLA

Si alguna vez has necesitado capturar información de tu pantalla para compartirla con otra persona o en un documento, aquí van un par de trucos útiles respecto a las mismas.

1

USA LA APLICACIÓN OFICIAL

Para realizar capturas de pantalla en Mac de manera nativa, por defecto hay que hacer una combinación de teclas un poco compleja (⇧⌘3 para capturar la pantalla completa, y ⇧⌘4 para capturar una selección)

Sin embargo, si te resulta complicado o se te olvida esta combinación, debes saber que macOS cuenta con una aplicación oficial, dentro de la carpeta **Aplicaciones > Utilidades**.

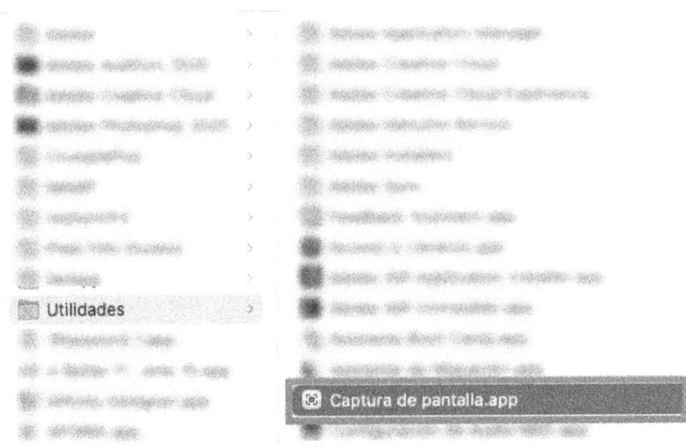

Si la lanzas aparecerá el menú para realizar capturas, así que para no tener que volver a ella constantemente (como ves, está un poco escondida), **te recomiendo que la arrastres a tu Dock para tenerla siempre presente.**

2

CAPTURA LA VENTANA PERFECTA

Si usas la aplicación de Captura de Pantalla oficial, podrás (orden de los iconos de izquierda a derecha)

- Capturar la pantalla completa
- **Capturar la ventana de una aplicación**
- Capturar una parte de la pantalla
- Capturar en video la pantalla completa
- Capturar en video una parte de la pantalla

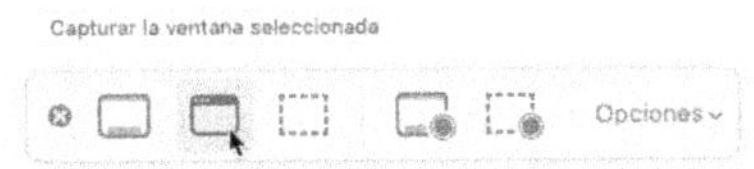

Como ves, es muy práctica, pero si no vas a utilizarla, te habrás dado cuenta que **no hay atajo para capturar la ventana seleccionada.**

Esto se consigue únicamente con un combo, pulsando **⇧⌘4 para iniciar la captura de rango, y después la barra espaciadora** para especificar que lo que quieres capturar, es una ventana.

3

COPIA DIRECTAMENTE EN EL PORTAPAPELES

En muchas ocasiones, querrás hacer una captura de pantalla para por ejemplo, pegarla en alguna aplicación, o compartirla por mensaje con alguna persona.

De ser así, no hace falta llenar (normalmente el escritorio) con esas capturas, ya que puedes hacer que las mismas se copien directamente al portapapeles.

- Si usas los atajos de teclado, esto lo conseguirás añadiendo la tecla control, a la combinación ⇧⌘3 y ⇧⌘4 respectivamente.
- Si usas la aplicación oficial, podrás activar esto desde el pequeño menú de opciones.

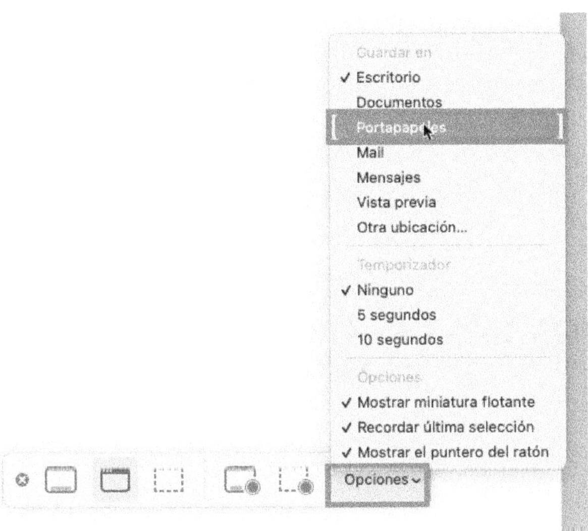

Otra opción muy sencilla, si por ejemplo quieres capturar una ventana, es cuando vayas a hacer la captura de la misma, en lugar de hacer click, pulsa el atajo universal de copiar (⌘C), y la captura se irá directa al portapapeles.

4

DOMINA LAS OPCIONES EXTRA DE LA MINIATURA

Al hacer una captura de pantalla, ésta se mostrará como una pequeña miniatura en la zona inferior derecha de la pantalla durante unos segundos.

Si no te gusta, ya que la misma hace que el archivo final tarde un poco más en aparecer en el escritorio, puedes desactivar este comportamiento desde el menú de la aplicación oficial de capturas de pantalla.

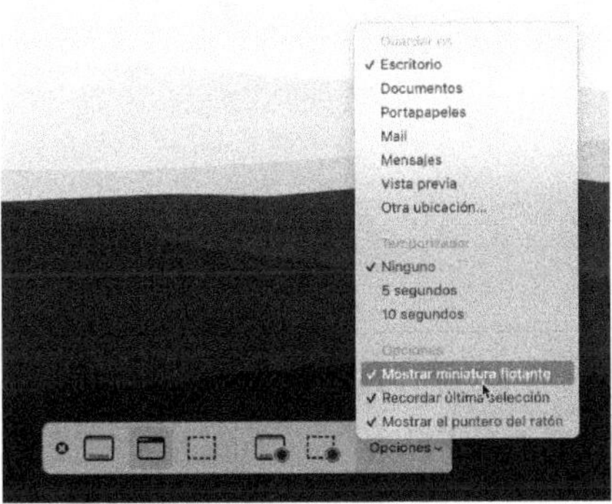

Sin embargo, si no utilizas ninguna otra solución más profesional (mi recomendación es Snagit), esta miniatura es tremendamente útil, porque:

- Haciendo click sobre ella entrarás a la edición de Vista Rápida, en la que como viste anteriormente, puedes por ejemplo dibujar figuras perfectas, o añadir tu firma.
- Pero **si haces click derecho**, se desplegará un menú con muchas más opciones:

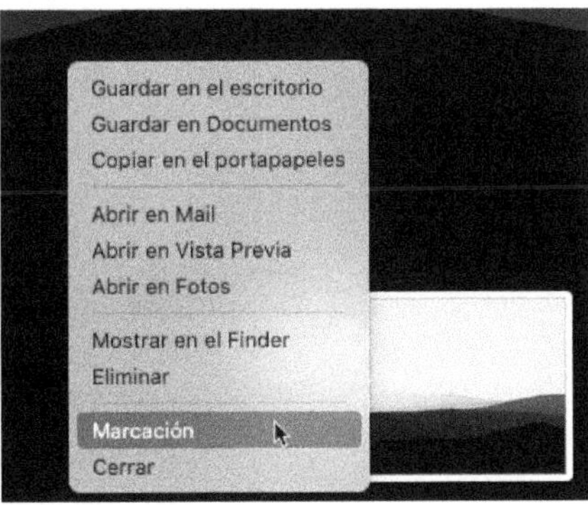

Podrás mandar la aplicación al escritorio, a la carpeta de documentos, al portapapeles, eliminarla, editarla…

Una opción interesante aquí es **mandarla a Fotos** para que, si trabajas con iCloud, esta comience a sincronizarse y aparezca en tu iPad o iPhone rápidamente.

5

ARRASTRA LA MINIATURA

Otro truco extra, es que también puedes **arrastrar la miniatura** para llevártela por ejemplo a una carpeta específica o aplicación (arrastrándola a su icono)

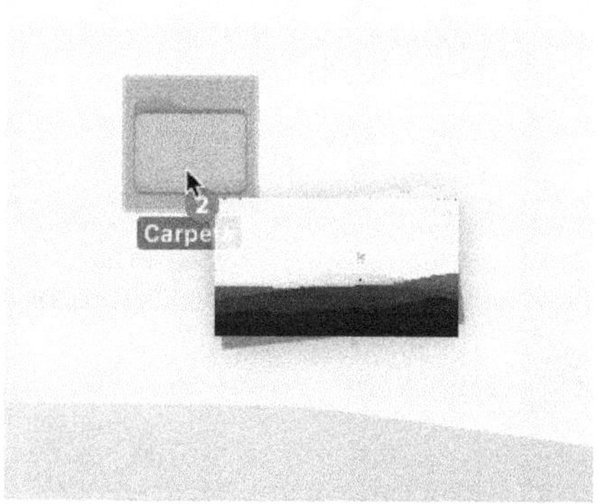

Nota: en el ejemplo se arrastran dos imágenes porque realicé una captura de pantalla completa, que hace una captura de los 2 monitores.

✔ TRUCOS CON LAS VENTANAS

Muévete por las aplicaciones abiertas y sus respectivas ventanas de manera profesional gracias a estos trucos.

1

MOVER SIN LLEVAR AL FRENTE

En el ejemplo que ves en la foto, la ventana 1 está frente a la ventana 2.

Si quisiera mover la ventana 2, haría click sobre ella, lo que la pondría por delante de la ventana 1, y si es esta última la que quieres ver, tendría que volver a hacer click sobre la misma, lo cual no es nada práctico.

Para solucionar este inconveniente, puedes usar el truco de mover ventanas manteniendo pulsada la tecla ⌘, esto hará que puedas cambiarla de lugar sin llevarla al frente.

2

AMPLIAR RESPECTO AL CENTRO

Al redimensionar ventanas usando la esquina inferior derecha, estas se hacen más grandes o más pequeñas tomando como referencia la esquina superior izquierda.

Esto hace que si tienes una ventana en el centro de la pantalla que quieres agrandar y mantener ahí, luego tengas que moverla manualmente.

Para solucionar esto, prueba a **mantener pulsada la tecla ⌥ mientras redimensionas,** la ventana en cuestión, de esta forma la ventana crecerá proporcionalmente en todas direcciones respecto al centro, y así evitarás tener que recolocarla después.

Si además mantienes pulsada la tecla ⇧, lo hará manteniendo las proporciones.

También puedes utilizar únicamente ⇧ pulsado, lo que mantendrá las proporciones, pero redimensionará respecto a la esquina superior izquierda.

3

MENÚ DE APLICACIONES ABIERTAS

Probablemente ya sepas que al pulsar la combinación ⌘⇥ y mantener ⌘, entrarás al menú de aplicaciones abiertas:

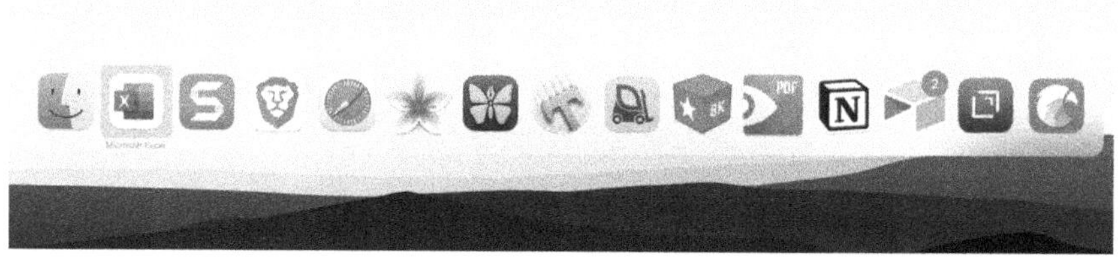

Hecho esto, puedes pulsar ⇥ tantas veces como quieras para moverte a la siguiente aplicación.

Lo que quizá no sepas es que:

- **Puedes mantener ⇧ antes de pulsar ⇥ para desplazarte hacia atrás:** muchas veces trabajamos rápido con este menú y nos pasamos la aplicación a la que queremos ir, ¡no hace falta dar una vuelta completa!
- **Puedes ir rápidamente a la aplicación que necesites con el puntero del ratón**, lo cual es mucho más rápido.

4

CERRAR DESDE EL MENÚ DE APLICACIONES

Puedes usar el menú de aplicaciones no solo para desplazarte a aquella a la que quieras abrir, sino también para cerrarla.

Una vez estés sobre la que quieres (en el caso de la imagen, Excel), simplemente **pulsa la tecla Q, para cerrar la aplicación rápidamente.**

5

VENTANAS DE TUS APLICACIONES

El último pequeño truco de este menú de aplicaciones, es que si cuando estás en él, pulsas la tecla ↑ o ↓, el menú **mostrará ahora las ventanas abiertas para dicha aplicación.**

Por ejemplo, si tienes dos ventanas del navegador, esto es lo que verás:

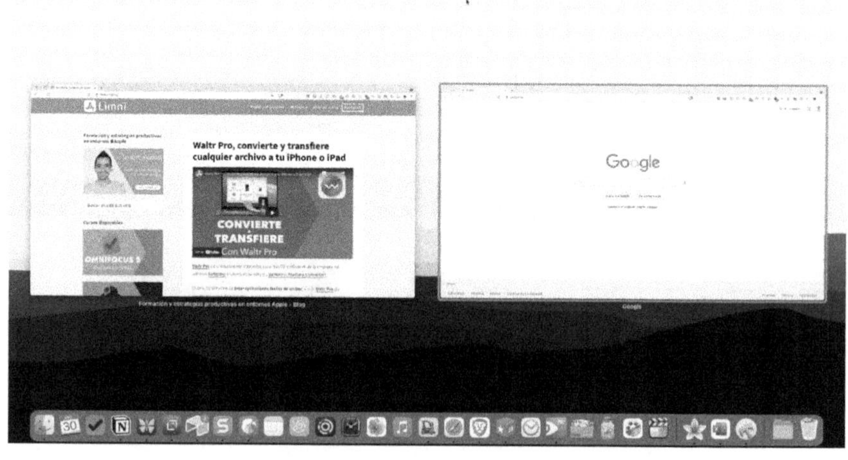

Truco extra: cuando estés en esta visualización, puedes pulsar ⇥ para mostrar las ventanas de la siguiente aplicación de la lista, o simplemente hacer click sobre el icono correspondiente en el Dock.

6

DOCUMENTOS RECIENTES

Desde la vista de ventanas de aplicaciones que acabas de ver, algunas aplicaciones (básicamente las de Apple), pueden mostrar en la zona inferior un historial de documentos recientes.

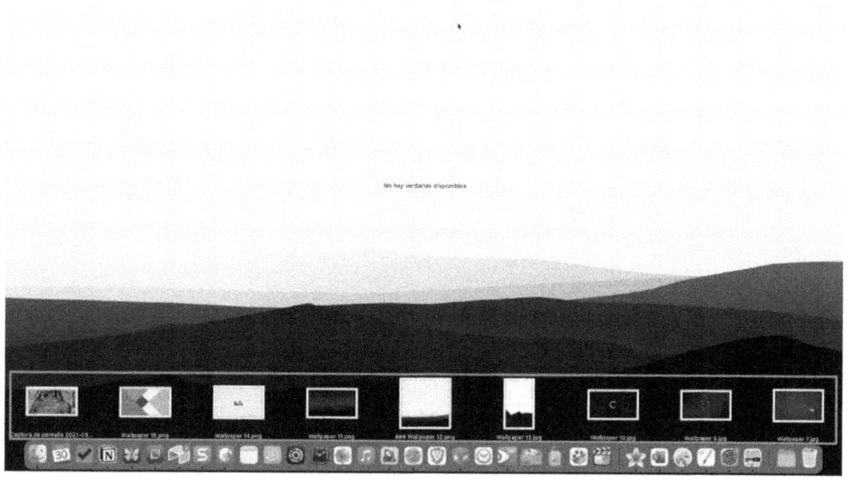

Esta es una manera muy rápida de acceder a un documento que acabas de abrir.

El truco es que puedes ampliar esta lista para que macOS almacene aun más archivos recientes.

Esto lo harás desde las **Preferencias del sistema > General > Items Recientes**. Si amplias el número a por ejemplo 50, este menú será más útil que si por ejemplo lo limitas a 10.

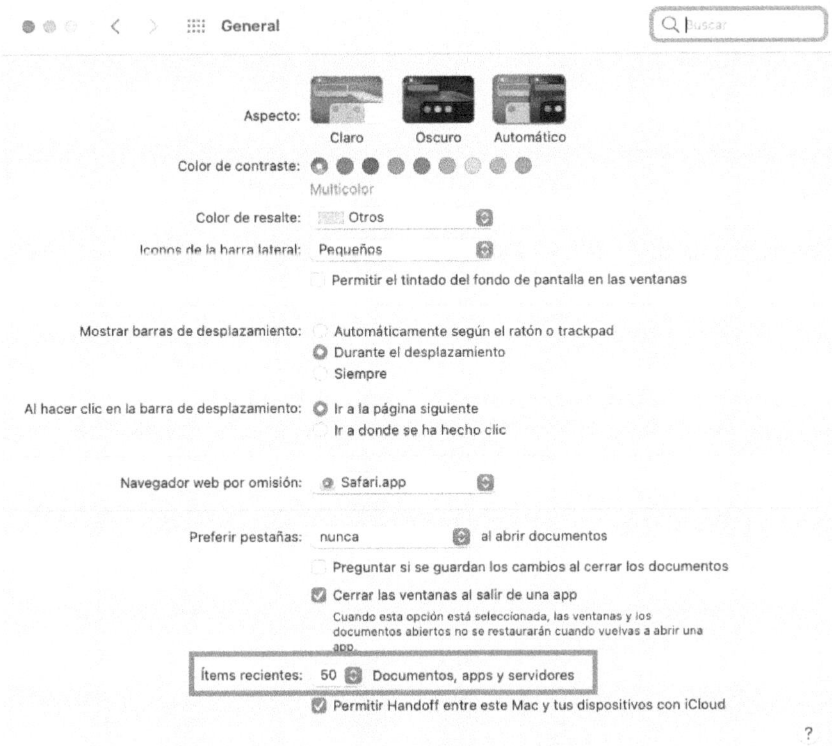

Como truco extra debes saber que hay muchas más formas de acceder a estos archivos recientes, como por ejemplo desde el menú Archivo > Abrir recientes (lugar desde donde también podrás eliminar el historial)

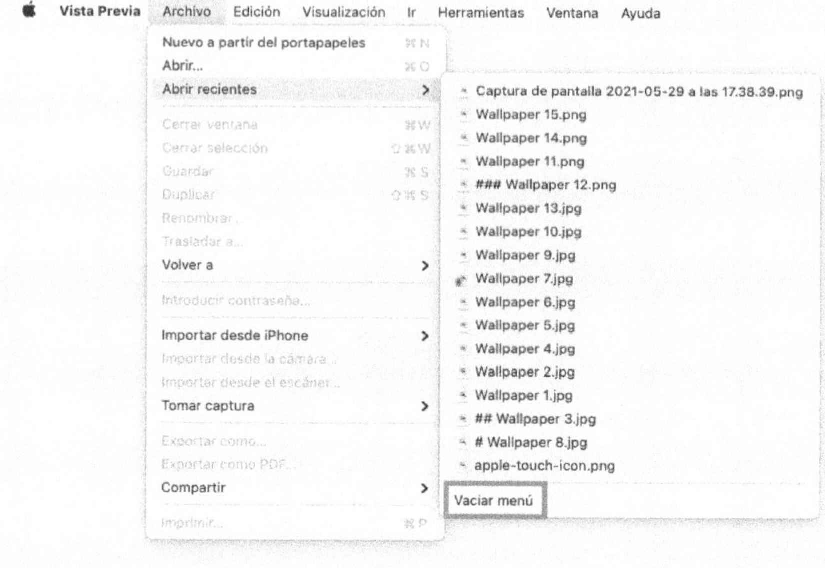

O haciendo **click derecho sobre el icono el en Dock.**

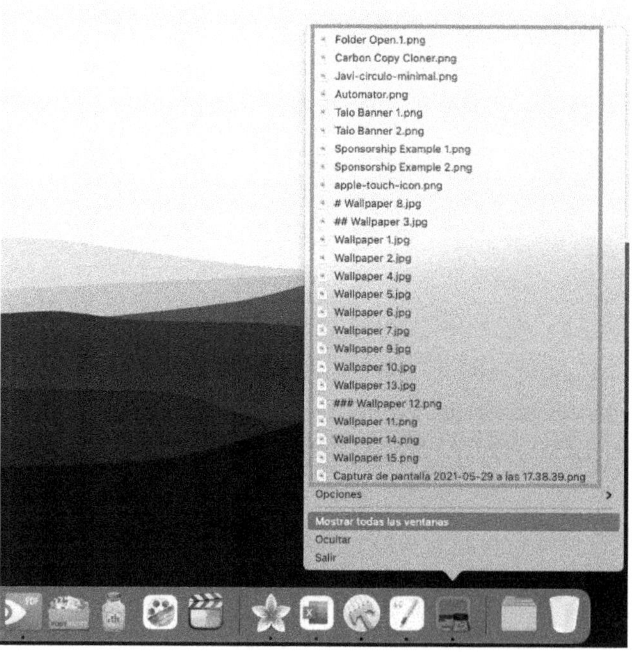

7

VER APLICACIONES RÁPIDAMENTE

Para acceder por ejemplo al menú de archivos recientes, no hace falta que primero despliegues el menú de aplicaciones con ⌘Q y después pulses hacia abajo.

macOS cuenta con un atajo específico que te permitirá acceder a dicha vista rápidamente, solo tendrás que pulsar **Control↓ para ver todas las ventanas y archivos recientes de la aplicación en la que te encuentres.**

Si por el contrario pulsas **Control↑**, lo que verás será todas tus aplicaciones abiertas (Mission Control)

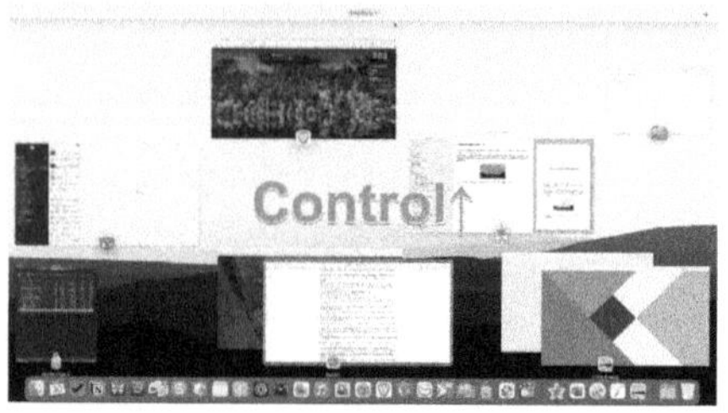

Si tienes muchas aplicaciones abiertas, puede que alguna ventana se vea pequeña, puedes **poner el puntero del ratón sobre la misma y pulsar la barra espaciadora para activar la vista rápida.**

8

OCULTAR TODAS LAS VENTANAS MENOS LA ACTUAL

Una de las acciones que más hago, es la de ocultar todas las ventanas excepto aquella en la que me encuentro, para así centrar mi atención.

Esto se consigue fácilmente utilizando el atajo ⇧⌘H.

✔ TRUCOS GENERALES

Trucos en general que no se engloban dentro de una sección específica, pero que son igual de útiles.

1

NO MOLESTAR CON UN CLICK

Aunque gracias al Centro de Control de macOS Big Sur, ahora es más fácil que nunca activar el modo No Molestar.

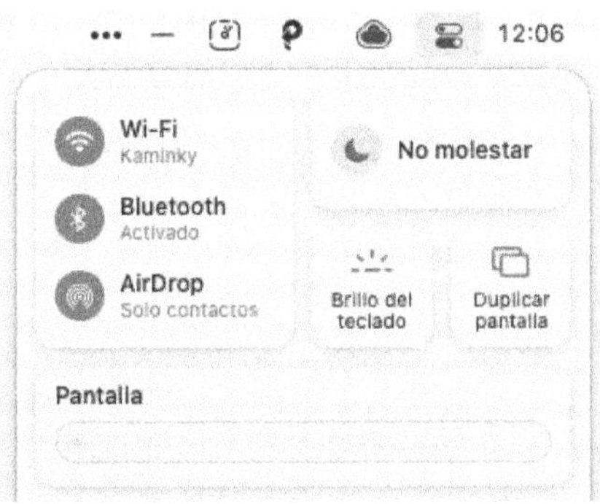

Aun existe una manera mucho más rápida y sencilla, que consiste en hacer **click sobre la hora manteniendo pulsada la tecla ⌥**.

Fíjate que a modo referencia, cuando No Molestar está activo, la hora se sombrea para indicártelo.

2

LLAMA A SIRI CON UN ATAJO

Normalmente estamos acostumbrados a llamar a Siri mediante voz, y en macOS, pulsando sobre el icono de la barra de herramientas.

Sin embargo, puedes invocar el asistente de Apple con un atajo de teclado, y además te voy a dar un truco para recordarlo fácilmente.

El atajo se configura desde las **Preferencias > Siri**.

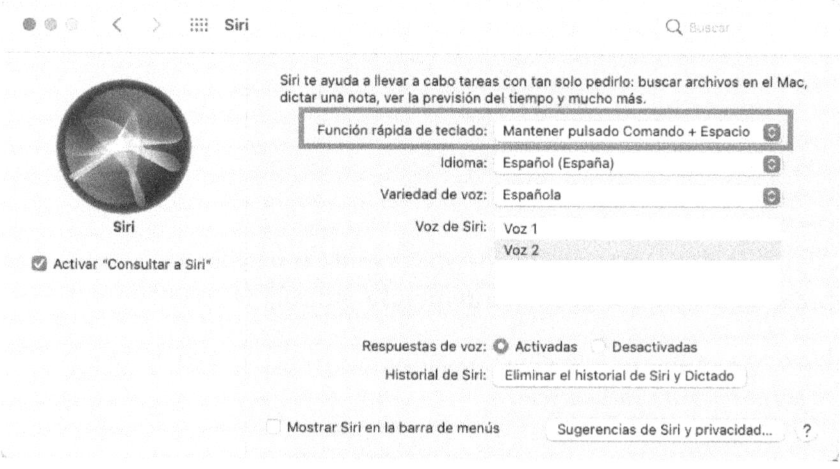

¿El truco? Utiliza el mismo atajo de teclado que utilizas para llamar a Spotlight, el lanzador/buscador de archivos de macOS.

Es un atajo que seguramente tengas más que aprendido, así que solo tienes que recordar que:

- Pulsándolo: le pides cosas a Spotlight
- Y manteniéndolo: le pides cosas a Siri.

3

COMPARTE PANTALLA FÁCILMENTE

Si alguna vez has necesitado acceder al ordenador de un familiar para darle soporte, sabrás que existen aplicaciones que te permiten compartir pantalla y controlar los dispositivos a distancia.

Aunque poca gente lo sabe, macOS cuenta con una aplicación nativa para ello, se llama "compartir pantalla", podrás encontrarla fácilmente gracias a Spotlight.

La próxima vez que necesites ayudar a alguien con un Mac en apuros, evitarás tener que hacerle instalar cosas por el camino para ofrecerle soporte.

4

VERSIONES DE DOCUMENTOS

La suite ofimática de Apple tiene un pequeño “Time Machine” integrado, que te permitirá ver todas las versiones guardadas de un documento. Puedes lanzar esto desde el menú **Archivo > Volver a > Explorar todas las versiones.**

Pulsando esta opción, podrás **navegar fácilmente por un timeline muy visual con todos los cambios.**

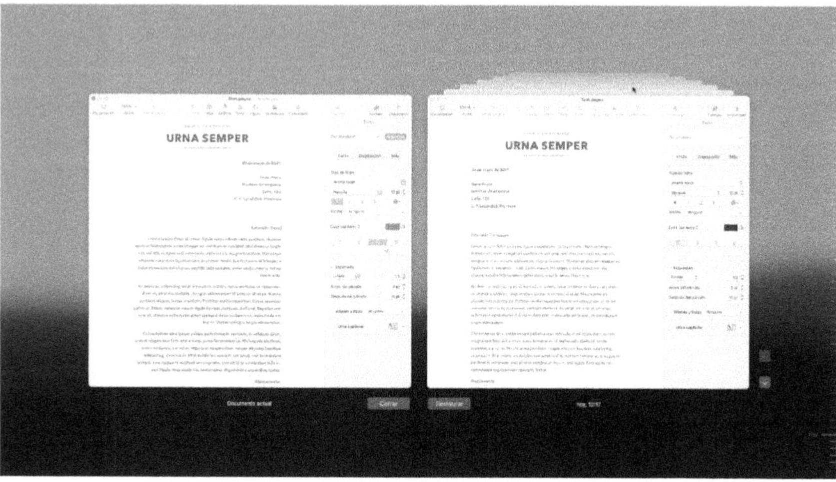

Se acabó eso de ir pulsando desenfrenadamente ⌘Z hasta llegar a la posición que querías.

5

AÑADE UN MENSAJE EN TU PANTALLA DE BLOQUEO

Aunque esperemos que nunca tengas que utilizar esta función, en macOS puedes añadir un mensaje a tu pantalla de bloqueo desde las **Preferencias > Privacidad y Seguridad > General > Definir Mensaje.**

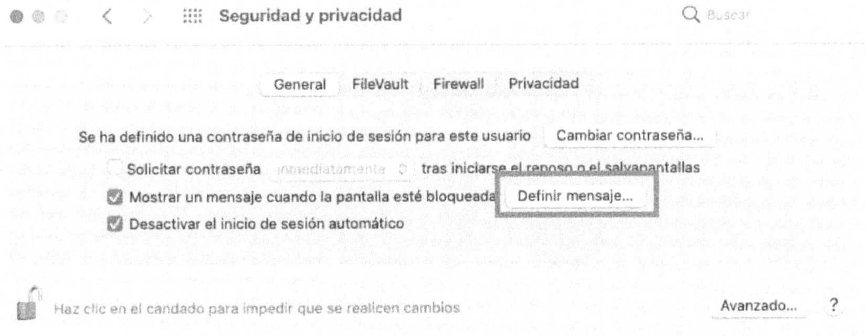

Puedes utilizar este espacio para añadir información extra que pueda ayudar a si alguien encuentra tu Mac, a devolvértelo.

O si tienes varios equipos similares (por ejemplo en una empresa), esta puede ser una buena forma de diferenciarlos antes de iniciar sesión en los mismos "Mac de Juan", "Mac de Pedro"...

6

USA TIME MACHINE...¡SIN DISCO!

La aplicación de copias de seguridad de macOS te permite poner a salvo los documentos con los que estés trabajando en un disco duro externo.

Pero si te encuentras sin acceso a dicho disco, y cometes un error, o quieres recuperar un archivo, aun hay esperanza para ti.

Si te fijas en las preferencias de Time Machine:

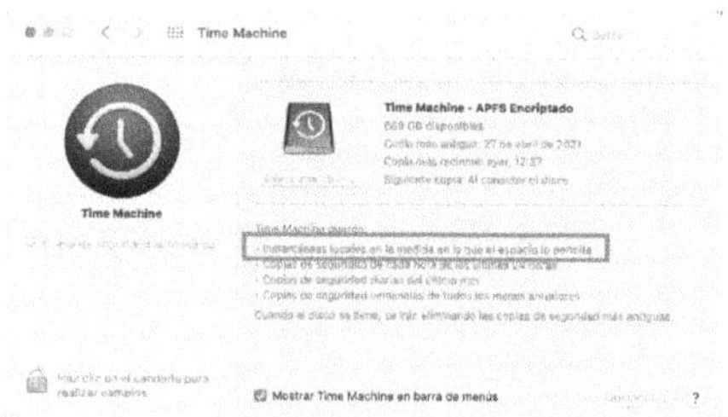

Verás que la aplicación también **guarda instantáneas en local**, es decir, **en tu propio equipo**.

Debido a las limitaciones de almacenamiento, no serán tan grandes y útiles como las copias en almacenamiento externo, pero si metes la pata y no tienes tu disco duro a mano, **entra igualmente en Time Machine**, quizá tengas suerte.

7

ALTERNA EL GIRO

¿Te molesta que en las acciones rápidas (Ver trucos en el Finder) o en la aplicación Fotos, solo se pueda girar las imágenes hacia un lado concreto?

Solo tienes que mantener pulsada la tecla ⌥ antes de hacer click sobre dicha opción, y la misma cambiará el sentido de giro automáticamente.

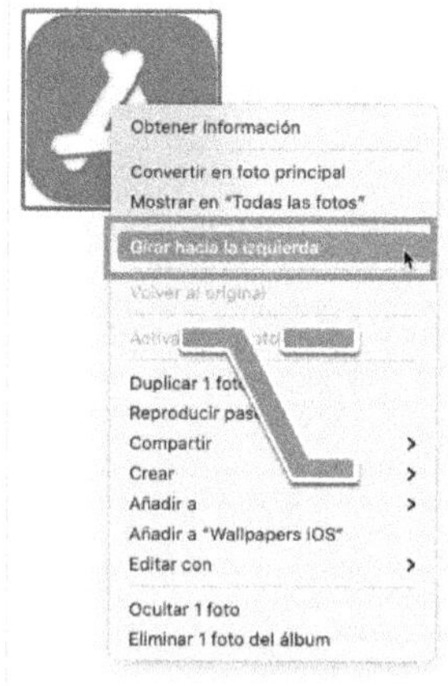

8

ACCEDE A LAS PREFERENCIAS DE CUALQUIER APLICACIÓN

Ir a las preferencias de cualquier aplicación para ponerla a tu gusto es algo que harás de manera continua, así que te recomiendo aprenderte el atajo para ello, que es **⌘,**.

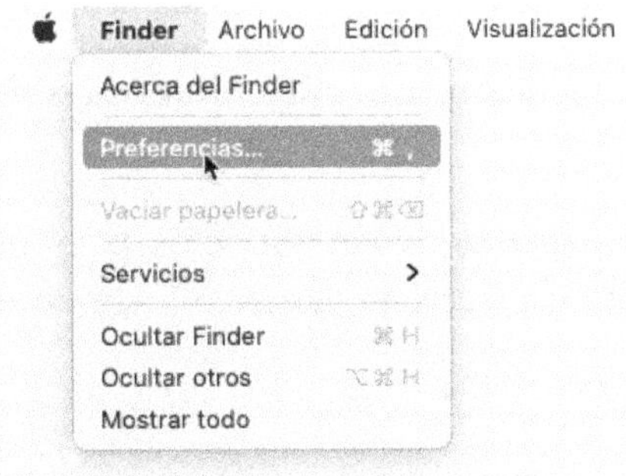

9

USA LOS SERVICIOS

Los “Servicios” es un menú de acciones que podrás utilizar para realizar ciertas tareas sobre archivos o texto en tu equipo.

Existen servicios genéricos que vienen instalados en macOS, pero aplicación que instales suele incluir también sus propios servicios.

Accederás a ellos mediante un **click derecho sobre el elemento o texto > Servicios.**

Por ejemplo las imágenes tienen servicios para usarlas rápidamente como fondo de pantalla (servicio genérico incluido en macOS)

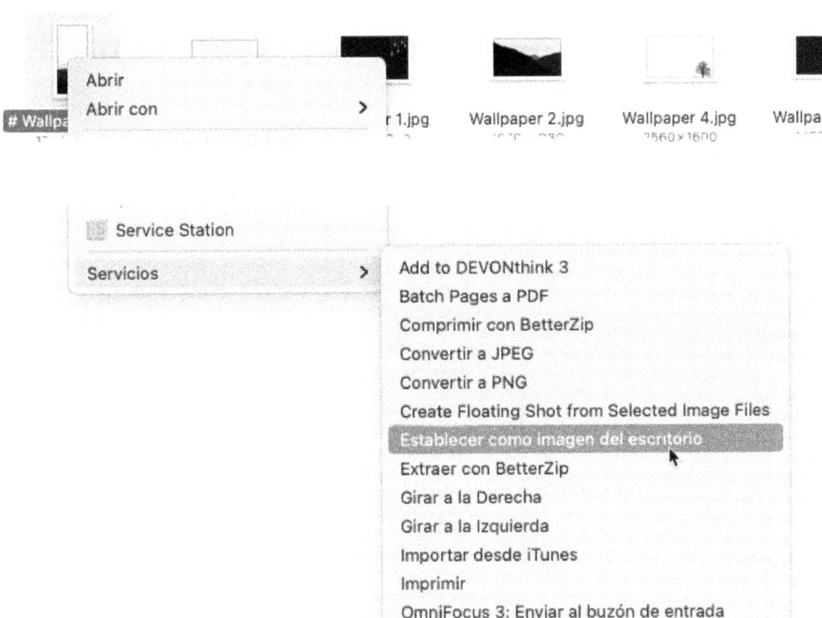

Pero en mi caso también encuentro acciones para enviarlo a OmniFocus, convertir la imagen a JPG o PNG, comprimir con BetterZip…

Sobre un texto podría por ejemplo buscarlo directamente en Google para no reescribirlo o tener que copiar y pegar (servicio incluido en el sistema)

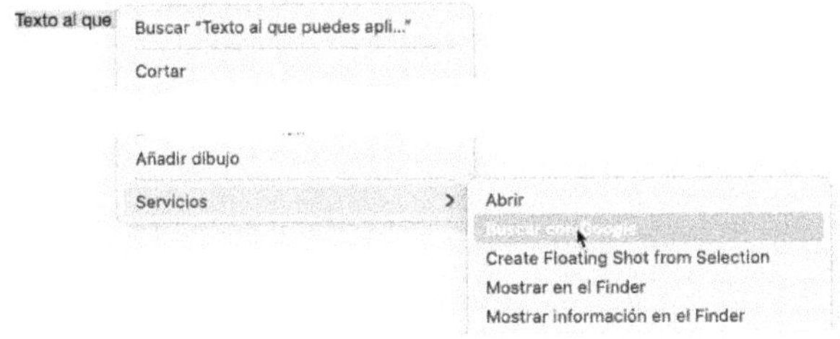

Pero si fuese una URL, también tengo servicios propios incluidos para por ejemplo, acortarla con un click.

Es más que recomendable que en tu equipo, vayas a las **Preferencias del Sistema > Teclado > Funciones rápidas, y en la sección, Servicios**, actives y desactives los que vas a usar y los que no, para tener un menú limpio y funcional:

10

CREA TUS PROPIOS ATAJOS DE TECLADO

Durante este libro has visto muchos atajos de teclado para realizar ciertas acciones rápidamente en macOS.

Aunque lo más sencillo es utilizar los que trae el sistema por defecto, a veces querrás cambiarlos por uno que te resulte más fácil pulsar o recordar, o incluso crear uno propio, ya que muchas acciones no incluyen atajos.

De nuevo esto lo harás yendo a las **Preferencias del Sistema > Teclado > Funciones rápidas**.

En la sección Servicios es donde encontrarás más acciones a las que podrás añadir tus propios atajos en la columna de la derecha.

Como por ejemplo, un atajo para buscar rápidamente el texto seleccionado en Google:

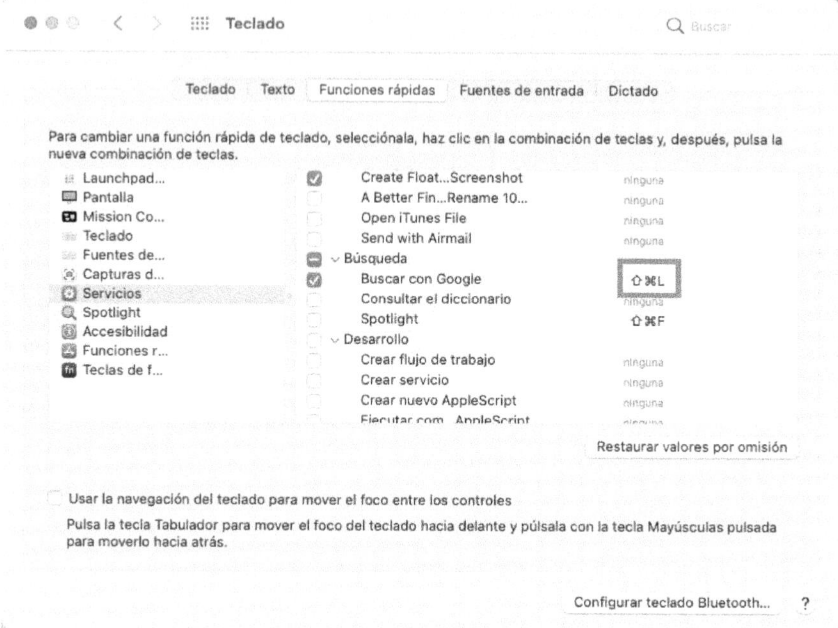

Pero si navegas por la columna de la izquierda del todo, verás un montón más de secciones que te permitirán igualmente cambiar los atajos para casi cualquier tipo de acción del sistema.

Por ejemplo, si no te gustan los atajos de teclado definidos para hacer capturas de pantalla, podrías cambiarlos:

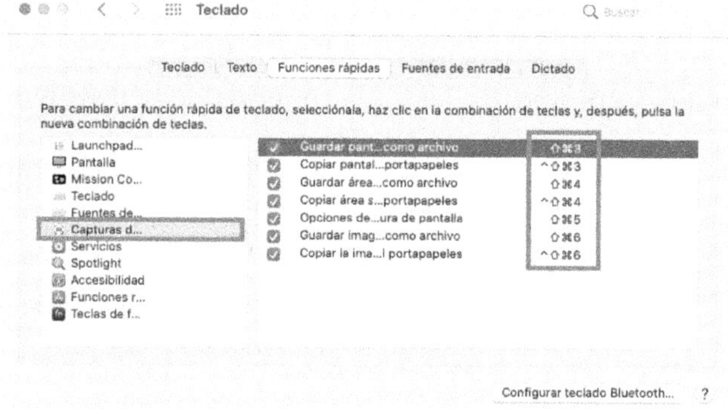

11

BUSCA EN EL MENÚ SUPERIOR

Este es un truco que yo utilizo a través de un workflow de [Alfred] (https://limni.net/cursos/alfred/), pero que se puede usar de manera nativa en macOS.

Y es que en macOS, todas las aplicaciones incluyen un buscador en la sección de "Ayuda", para encontrar acciones rápidamente.

Imagina que por ejemplo estás en Photoshop y no sabes dónde se encuentran las acciones para aplicar un "desenfoque gaussiano".

Solo tendrías que desplegar este pequeño menú, escribir allí lo que necesitas, y listo.

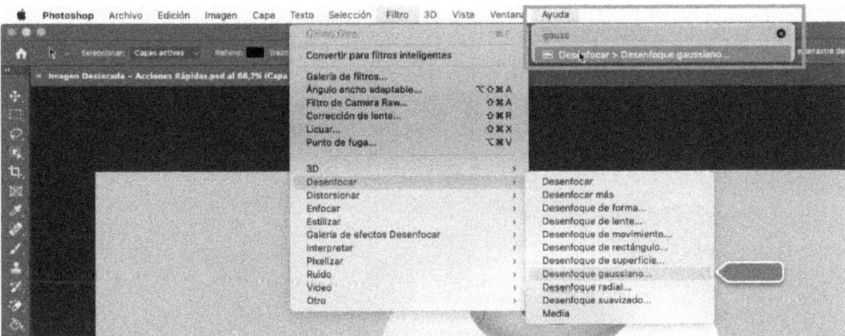

La aplicación te señalará en qué parte del menú se encuentra la acción que necesitas, y pulsando ↩, podrás activar la misma.

Punto extra si lanzas este buscador mediante el atajo ⇧⌘7

12

IMPRIMIR DIRECCIONES EN SOBRES

Si imprimes sobres a menudo para enviar cartas físicas, este truco te va a encantar.

Si desde la aplicación de Contactos de Apple, seleccionas aquel al que vas a escribir, puedes simplemente pulsar el atajo universal de imprimir (⌘P), para que se cargue una plantilla de impresión en sobre con tu nombre y dirección como remitente, y el nombre y dirección del destinatario.

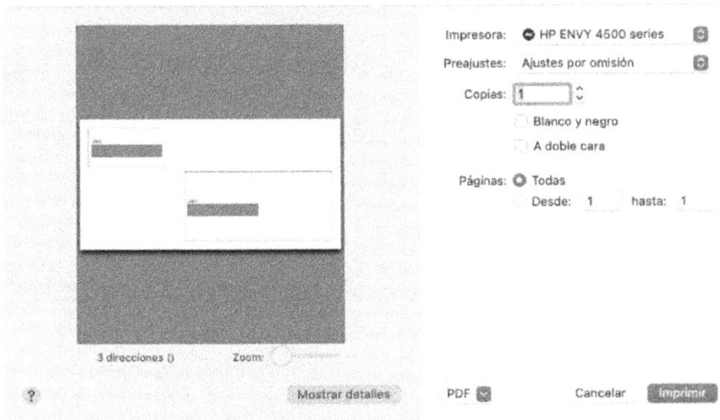

13

ACCESO DIRECTO DE IMPRESIÓN

Y hablando de imprimir, si vas a las **Preferencias del sistema > Impresoras y Escáneres**, y arrastras el icono de la impresora a por ejemplo el escritorio:

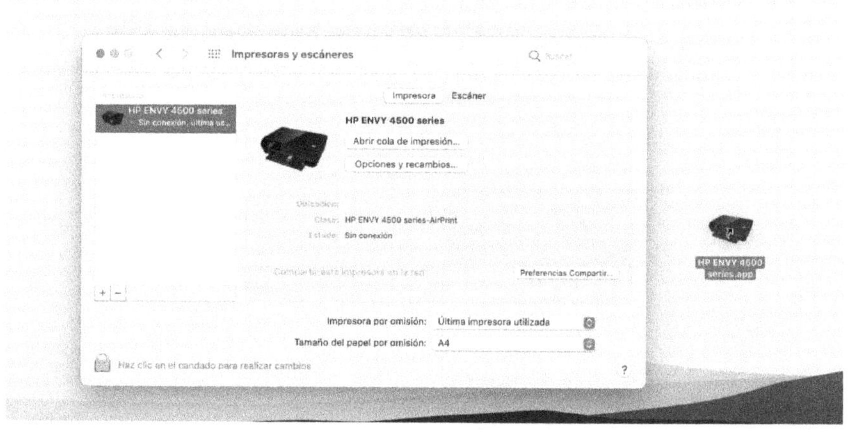

A partir de ese momento, todo lo que arrastres a dicho icono se imprimirá, lo que te ahorrará unos cuántos clicks en el futuro.

Si lo prefieres, también puedes arrastrar este icono al Dock:

HP ENVY 4500 series
PDF
POST

14

GESTIONA NOTIFICACIONES DE MANERA EFICIENTE

Aunque en las **Preferencias del Sistema > Notificaciones**, tendrás acceso a todas las preferencias para gestionar tus notificaciones, si alguna te molesta y quieres modificarla rápidamente, lo más fácil es hacer click derecho sobre la misma:

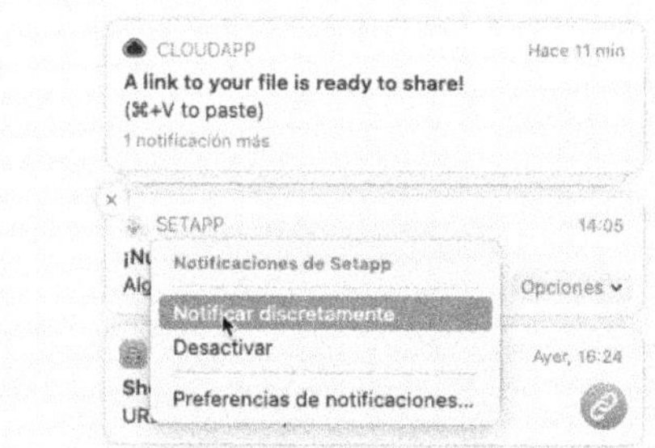

De esta forma podrás activar las notificaciones discretas, desactivar todas las notificaciones de dicha app, o acceder a las preferencias de la misma, rápidamente, lo que te evitará tener que estar buscando en la lista global de las notificaciones:

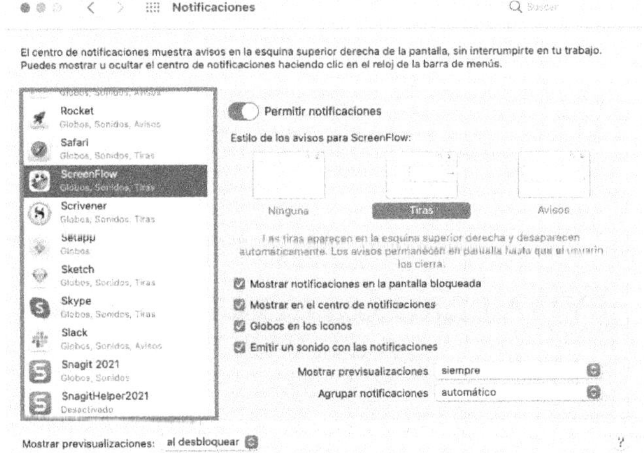
Notificaciones
El centro de notificaciones muestra avisos en la esquina superior derecha de la pantalla, sin interrumpirte en tu trabajo.
Puedes mostrar u ocultar el centro de notificaciones haciendo clic en el reloj de la barra de menús.
Rocket
Globos, Sonidos, Avisos
Safari
Globos, Sonidos, Tiras
ScreenFlow
Globos, Sonidos, Tiras
Scrivener
Globos, Sonidos, Tiras
Setapp
Globos
Sketch
Globos, Sonidos, Tiras
Skype
Globos, Sonidos, Tiras
Slack
Globos, Sonidos, Avisos
Snagit 2021
Globos, Sonidos
SnagitHelper2021
Desactivado
Permitir notificaciones
Estilo de los avisos para ScreenFlow:
Ninguna
Tiras
Avisos
Mostrar notificaciones en la pantalla bloqueada
Mostrar en el centro de notificaciones
Globos en los iconos
Emitir un sonido con las notificaciones
Mostrar previsualizaciones siempre
Agrupar notificaciones automático
Mostrar previsualizaciones: al desbloquear

15

EVITA ERRORES CON ESQUINAS ACTIVAS

Las esquinas activas, a las cuales se acceden desde las **Preferencias del Sistema > Mission Control > Esquinas activas**, te permiten realizar ciertas acciones rápidas en tu sistema con tan solo llevar el puntero del ratón a dicha esquina.

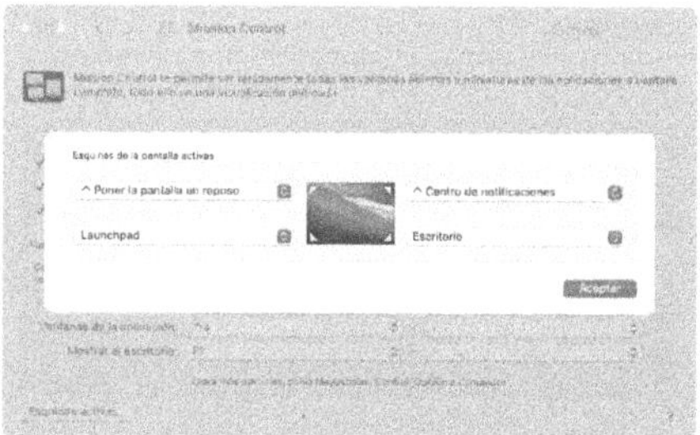

Pero activar por error acciones como poner en reposo la pantalla, puede hacer que pierdas el tiempo volviendo a activarla y te frustres.

Por eso, debes saber que puedes mantener pulsada cualquier tecla modificadora (⇧, ⌘, Control…) o una combinación de ambas, al elegir tu acción, para que esta solo se ejecute al tener dichas tecla pulsadas.

16

AFINA LAS ESQUINAS ACTIVAS CON DOBLES PANTALLAS

Una de las desventajas de las esquinas activas, es que pueden no funcionar muy bien si trabajas con dobles pantallas, ya que puede que en vez de activar la acción, tu cursor simplemente pase al siguiente monitor.

Para solucionar esto, el truco consiste en ir a las **Preferencias del sistema > Pantalla > Alineación**, y allí, **asegurarse que la segunda pantalla no toca ninguna de las esquinas.**

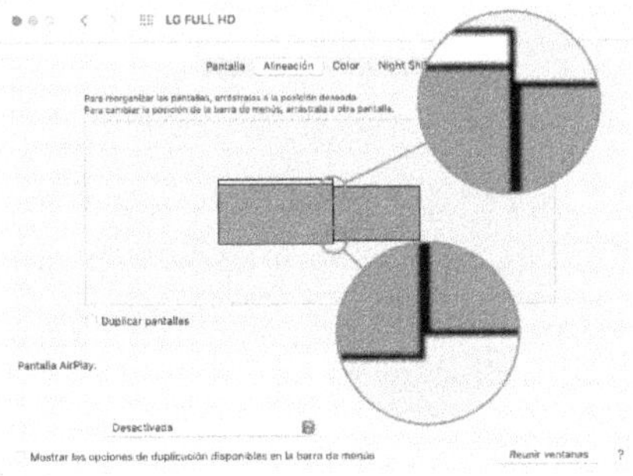

De esta forma conseguirás disfrutar de un doble monitor y de las esquinas activas al mismo tiempo.

17

GESTIONAR TU ALMACENAMIENTO

¿No sabes qué está consumiendo el preciado espacio de tu SSD de 256 GB? Con las últimas actualizaciones de macOS, puedes ir al menú > Acerca de este Mac > Almacenamiento > Gestionar.

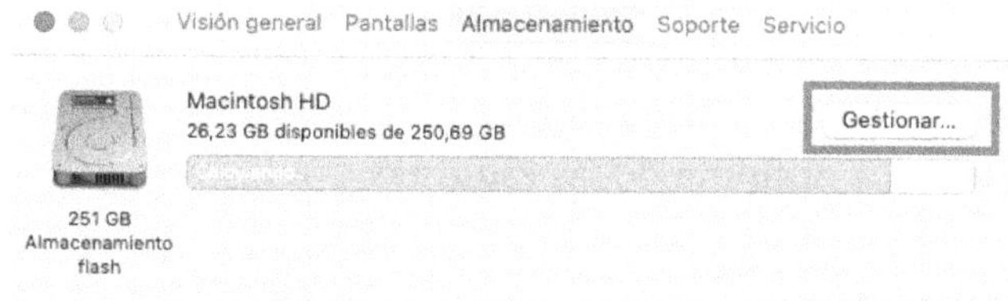

Al hacerlo, llegarás a una pequeña utilidad que te permitirá no solo ver a vista de pájaro dónde estás consumiendo más almacenamiento, sino que también podrás eliminarlo, o activar ciertas características para aumentar tu espacio disponible:

Recomendaciones
Aplicaciones 34,22 GB
Creación musical 2,13 GB
Documentos 86,75 GB
Fotos 1,12 GB
iCloud Drive 5,34 GB
Libros 656,5 MB
Mail 198 MB
Mensajes 52,9 MB
Música 8,87 GB
Podcasts 272,5 MB
Sistema 15,35 GB
Otros 70,21 GB

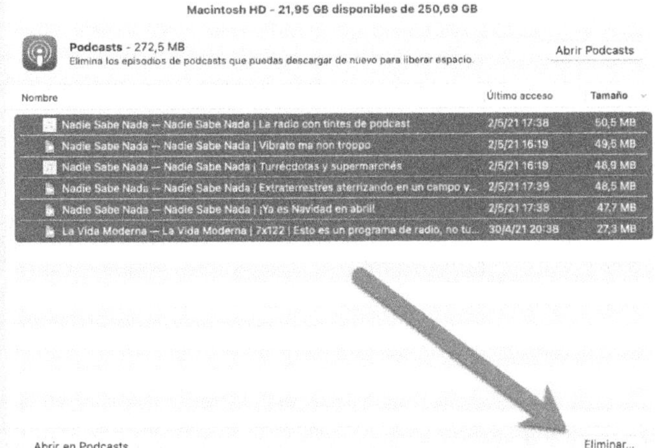
Macintosh HD - 21,95 GB disponibles de 250,69 GB
Podcasts - 272,5 MB
Elimina los episodios de podcasts que puedas descargar de nuevo para liberar espacio.
Abrir Podcasts
Nombre
Último acceso
Tamaño
Nadie Sabe Nada — Nadie Sabe Nada | La radio con tintes de podcast 2/5/21 17:38 50,5 MB
Nadie Sabe Nada — Nadie Sabe Nada | Vibrato ma non troppo 2/5/21 16:19 49,5 MB
Nadie Sabe Nada — Nadie Sabe Nada | Turrécdotas y supermarchés 2/5/21 16:19 48,9 MB
Nadie Sabe Nada — Nadie Sabe Nada | Extraterrestres aterrizando en un campo y... 2/5/21 17:39 48,5 MB
Nadie Sabe Nada — Nadie Sabe Nada | ¡Ya es Navidad en abril! 2/5/21 17:38 47,7 MB
La Vida Moderna — La Vida Moderna | 7x122 | Esto es un programa de radio, no tu... 30/4/21 20:38 27,3 MB
Abrir en Podcasts
Eliminar...

✔ TRUCOS CON IOS

Si además de un Mac, cuentas con un iPhone o iPad, podrás hacer un par de trucos adicionales que son francamente útiles.

1

ANOTA DESDE IOS

Si recuerdas, en uno de los primeros trucos del libro viste que la Vista Rápida puede activar un modo edición que te permitirá realizar figuras, firmar, y otras acciones básicas sobre una imagen o PDF.

Dicha mini aplicación de edición, tiene un botón con el que podrás activar una función de Continuidad, que te permitirá editar en tu dispositivo iOS

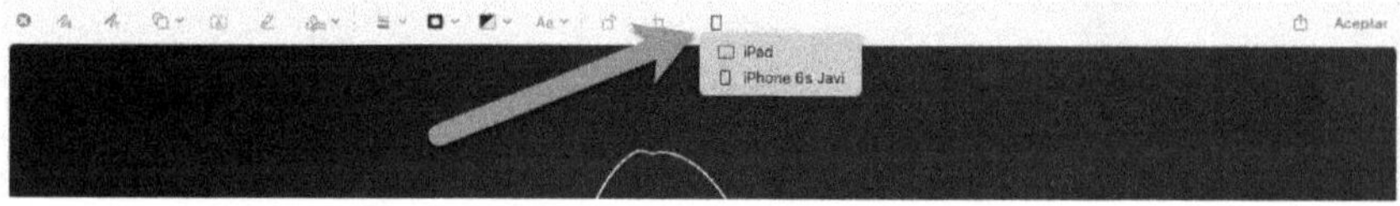

Esto es muy práctico, ya que es mucho más sencillo dibujar con tu dedo o un Apple Pencil, que con tu ratón.

2

CAPTURA IMÁGENES Y DOCUMENTOS DESDE IOS

Si haces click derecho sobre una zona vacía del Finder, verás también una opción que te permitirá capturar una foto o un documento directamente con la cámara de tu teléfono

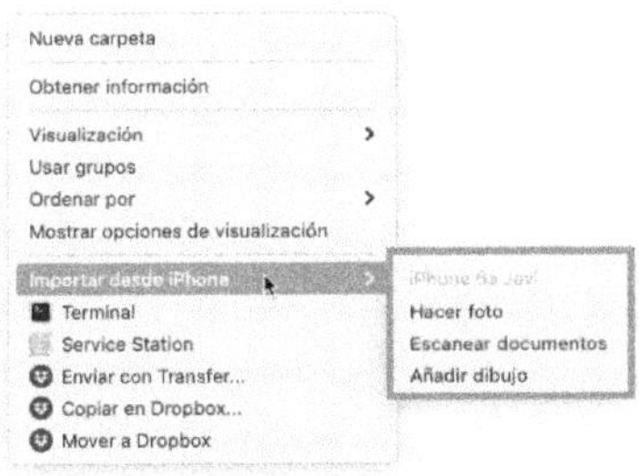

* **Nota:** la diferencia entre foto y documento, es que si eliges documento, se aplicarán efectos automáticamente para mantener el aspecto "folio escaneado".

Añadir dibujo por su parte, te permitirá dibujar a mano alzada en tu iPhone o iPad, y cargar dicha foto en tu macOS.

Esto es similar al truco anterior, pero trabajarás sobre un canvas en blanco.

El truco estar de esta funcionalidad, es que no solamente puedes hacer esto en el Finder, sino también directamente en otras aplicaciones como Pages.

ATAJOS USADOS EN ESTE LIBRO

Aquí va una lista para que refresques los atajos que se han visto en este libro.

Separo el atajo en sí de la explicación mediante un punto ·, este punto no debes pulsarlo.

- Barra espaciadora sobre archivo (o con puntero sobre archivo en Pila en el Dock) · lanza Vista Previa
- **⌥⌘Y** · Lanza Vista Previa a tamaña completa (funciona incluso seleccionando el item en el propio Finder)
- **⌘O** · Abrir archivos seleccionados, o abrir en la aplicación por defecto si estás en Vista Rápida.
- **⌘1, ⌘2, ⌘3 o ⌘4** · Para cambiar rápidamente de vista en el Finder.
- **⌘J** · Abre los ajustes de Previsualización en el Finder.
- **⌘+ y ⌘-** · Amplia o reduce el Zoom en el Finder.
- **⇧⌘P** · Muestra el previsualizado en el Finder
- **⌥⌘P** · Activa la ruta del Finder (actívalo más fácil en Visualización > Mostrar barra de ruta)
- **⇧ ⌘F** · Abre la carpeta de Recientes (recent **F**iles)

- ⇧ ⌘**O** • Abre la carpeta de Documentos (d**O**cuments)
- ⇧ ⌘**D** • Abre la carpeta del Escritorio (**D**esktop)
- ⇧ ⌘**L** • Abre la carpeta de Descargas (down**L**oads)
- ⇧ ⌘**H** • Abre la carpeta de tu nombre de usuario/inicio (**H**ome)
- ⇧ ⌘**C** • Abre la carpeta del Ordenador (**C**omputer)
- ⇧ ⌘**R** • Abre la carpeta de AirDrop (ai**R**drop)
- ⇧ ⌘**K** • Abre la carpeta de Red (networ**K**)
- ⇧ ⌘**I** • Abre la carpeta de iCloud Drive (**i**cloud)
- ⇧ ⌘**A** • Abre la carpeta de Aplicaciones (**A**pplications)
- ⇧ ⌘**U** • Abre la carpeta de Utilidades (**U**tilities)
- ⌥ **arrastrando archivos/texto** • Hace una copia del mismo al soltar (funciona en muchas apps)
- ⌥⌘ **arrastrando archivos** • Crea un Alias (acceso directo) del mismo
- ⌘R **sobre un Alias** • Muestra su ubicación original, donde se encuentra el archivo realmente.
- ⌘ y doble click en carpeta • Abre la carpeta en una nueva pestaña o ventana
- ⌥ **sobre el enlace que lleva al PDF en Safari** • El PDF se descargará automáticamente en vez de mostrarse en el navegador.
- **⌘Z** • Es el atajo de deshacer, en Safari reabre una pestaña si la has borrado por error
- **⇧⌘T (o Historial > Abrir última pestaña cerrada)** • Te permite abrir pestañas cerradas en el tiempo una a una. En Safari, y en otros navegadores.
- **⇧⌘º (el botón a la izquierda del 1)** • Muestra todas las ventanas abiertas en Safari y en el Finder.
- **⌘L (en Safari)** • Centra el cursor en la barra de búsquedas, para que puedas escribir directamente en ella.
- **⇧⌘D (en Safari)** • Manda la web a la lista de Leer Después.
- **⌥⌘W (en Safari)** • Cierra todas las pestañas menos la actual.
- **⇧⌘D (en Safari)** • Activa el modo lector (**R**eader)

- **Control⇥ y ⇧Control⇥ (en Safari)** • Desplazarse a la siguiente pestaña o a la anterior.
- **⌘1 (en Safari)** • Salta a la primera pestaña, con 2 irás a la segunda, 3 a la tercera…
- **⌥⌘ click en icono del Dock** • Oculta todas las ventanas menos la de la ventana clicada.
- **Control⌘Barra espaciadora** • Abre el popup de emojis.
- **⇧⌘↑ y ⇧⌘↓** • Seleccionan toda la parte superior o inferior del texto a partir de desde donde tengas colocado el puntero del ratón.
- **⇧⌥↑ o ↓** • Efecto similar con elementos del Finder.
- **⌘ al mover ventanas** • Podrás cambiarlas de lugar sin llevarlas al frente.
- **⌥ al redimensionar ventanas** • Redimensiona ventanas con el centro como referencia.
- **⇧ al redimensionar ventanas** • Mantiene la proporción de tamaño en la redimensión de ventanas (se puede combinar con el anterior)
- **⌘⇥** • Abre el menú de aplicaciones. Cada pulsación de ⇥, te desplazará hacia la derecha, a no ser que mantengas pulado ⇧, que te desplazará hacia la izquierda.
- **Q (desde el menú de aplicaciones)** • Cierra la aplicación seleccionada
- **↓ (desde el menú de aplicaciones)** • Muestra las ventanas / instancias de la aplicación.
- **Control↓** • Muestra las ventanas de la aplicación, y los archivos recientes.
- **Control↑** • Muestra Mission Control (todas las aplicaciones y sus ventanas)
- **⇧⌘H** • Oculta todas las ventanas menos la actual.
- **⌘,** • Accede a las preferencias de cualquier aplicación.
- **⇧⌘7** • Lanza el buscador de acciones de cualquier aplicación en el menú superior.

AGRADECIMIENTOS Y CUPÓN DESCUENTO

¡Gracias por leer esta guía y colaborar con la creación de contenido!

Espero que ahora tengas más conocimiento acerca de macOS, y eso te ayude a disfrutar más de tu equipo y a trabajar de manera eficiente con él.

Si quieres seguir aprendiendo, no olvides visitar la membresía de limni.net!

Recuerda que con la compra de este libro, **has desbloqueado 1 mes gratuito en la membresía**

https://limni.net/ir/membresia-101-mac

¡Un saludo y gracias por leer!

Javier Cristóbal.

www.ingramcontent.com/pod-product-compliance
Ingram Content Group UK Ltd.
Pitfield, Milton Keynes, MK11 3LW, UK
UKHW022024190726
13853UKWH00005B/2100

9 798513 27607